Go Team!

KEN BLANCHARD
ALAN RANDOLPH
PETER GRAZIER

Go Team!

Promova o Progresso Contínuo da Sua Equipe

Tradução
Magda Lopes

Planeta

ACADEMIA DE Inteligência

Edição de textos: Max Gimenes
Revisão de textos: Margô Negro
Diagramação: Renata Milan

Dados Internacionais de Catalogação na Publicação (CIP)
(Câmara Brasileira do Livro, SP, Brasil)

Blanchard, Ken
Go team! : promova o progresso contínuo da sua equipe / Ken Blanchard, Alan Randolph, Peter Grazier ; tradução Magda Lopes. – São Paulo : Editora Academia de Inteligência, 2007.

Título original: Go team!
ISBN 978-85-60096-05-3

1. Administração de empresas 2. Equipes no local de trabalho 3. Motivação (Psicologia) 4. Solução de problemas em grupo 5. Sucesso profissional I. Grazier, Peter. II. Randolph, Alan. III. Título.

07-2741 CDD-658.402

Índices para catálogo sistemático:
1. Equipes de trabalho : Empresas : Administração executiva 658.402

2007

vendas@editoraplaneta.com.br

Dedicado à memória de
John P. Carlos,
grande contador de histórias

Sumário

Prefácio

Ficamos honrados quando Ken, Alan e Peter nos pediram para escrever o prefácio para seu novo livro, *Go Team!* Ken e Alan são nossos amigos e colegas há mais de trinta anos. Ficamos encantados por eles estarem adicionando às obras de Blanchard sobre a excelência da equipe este guia para se entender e atingir o *status* de "Equipe em Progresso Contínuo".

Nas últimas duas décadas ocorreram mudanças significativas em nossos locais de trabalho, envolvendo o modo como o trabalho é estruturado e as decisões são tomadas. As organizações têm tido que se reinventar para satisfazer as demandas de um ambiente global em constante mudança. A produtividade, a qualidade e a satisfação humana têm aumentado naquelas organizações que começaram a usar práticas elevadas de manejo do envolvimento. E as equipes têm sido a pedra fundamental de muitos desses bem-sucedidos esforços de mudança.

O trabalho eficiente é realizado com o esforço e a colaboração da equipe. As práticas baseadas na equipe, quando implementadas com sucesso, conduzem a uma produtividade mais elevada, maior satisfação e melhor saúde do empregado e promovem nossos valores democráticos. Atualmente, a maioria das pessoas participa de pelo menos uma, e às vezes de muitas equipes diferentes. Infelizmente, essas equipes com freqüência não usam todo o seu potencial. Uma das maiores barreiras à implementação efetiva das equipes é o fato de as pessoas não terem sido adequadamente treinadas para funcionar como membros colaboradores.

Quando escrevemos, com Ken Blanchard, *The One Minute Manager Builds High Performing Teams*, em 1989, estávamos interessados em proporcionar um entendimento básico de:

- características de equipes de alto desempenho;
- estágios de desenvolvimento da equipe;
- comportamentos de liderança apropriados para cada estágio.

Esse livro, agora em sua segunda edição, tornou-se um padrão de sucesso de vendas para o entendimento dos princípios essenciais para a construção de equipes de alto desempenho, e milhares de pessoas têm participado de programas de treinamento baseados nesses conceitos. A continuação popular, *High Five! The Magic of Working Together*, escrito com Sheldon Bowles, baseia-se nesses conceitos e, através de uma interessante parábola, mostra o que os indivíduos e as organizações devem fazer para montar equipes bem-sucedidas.

Go Team! Promova o Progresso Contínuo da Sua Equipe expande os princípios apresentados nesses dois livros, baseando-se nas idéias apresentadas no best-seller *The Three Keys to Empowerment*, de autoria de Ken, Alan e John Carlos. Agora, Ken, Alan e Peter criaram um maravilhoso guia do assunto que apresenta idéias e atividades práticas para o progresso contínuo da equipe. Ao ler este livro você vai adquirir tanto a capacidade quanto a segurança para fazer uso eficiente das *habilidades de compartilhamento das informações*, para construir confiança e responsabilidade; aprimorar as *habilidades de estabelecimento de limites*, para criar liberdade; e aperfeiçoar *habilidades de autogerenciamento*, para conseguir grandes resultados.

Este guia prático vai servir para muitas equipes, durante muitos anos, como um recurso valioso a ser usado para aumentar as habilidades, a produtividade e o moral da equipe. É um acompanhamento ideal para o treinamento em conceitos básicos de equipe e pode ajudar a garantir a aplicação e a sustentabilidade em ambientes de equipe no mundo real.

A excelência na liderança, inovação, qualidade, serviço, produtividade e satisfação humana no século XXI virão de preferência de pessoas que trabalham em equipes e podem usar seu potencial, conhecimento e motivação. *Go Team!* é uma ferramenta que pode ajudar a fazer isso acontecer e esperamos que você a use para *Promover o Progresso Contínuo da Sua Equipe*.

Don Carew
Eunice Parisi-Carew
Sócios fundadores das empresas Ken Blanchard
Co-autores de *The One Minute Manager Builds High Performing Teams* e *High Five! The Magic of Working Together*

INTRODUÇÃO

Promova o Progresso Contínuo da Sua Equipe

Hoje em dia, nas organizações, as pessoas estão sendo cada vez mais solicitadas a trabalhar em equipes. Isso porque o trabalho nas organizações tornou-se bastante complexo e as mudanças ocorrem constantemente. Cada vez mais as companhias pelo mundo afora estão usando equipes para lidar com esse mundo dinâmico do trabalho.

Infelizmente, muito poucas pessoas realmente entendem como criar uma equipe que acione o conhecimento, a experiência e a motivação do seu pessoal. Não precisamos ir muito longe para ver numerosos exemplos de esforços de equipe fracassados – seja nos esportes, nos negócios ou no governo. Por isso, não surpreende que as pessoas freqüentemente desistam da idéia das equipes e tentem prosseguir sozinhas. Não acreditamos que essa seja uma solução eficaz para o mundo profissional atual. *Go Team!* é o nosso plano para a criação de equipes melhores – Equipes em Progresso Contínuo.

O que são Equipes em Progresso Contínuo e que benefícios elas trazem para os negócios? Primeiro, os benefícios: as Equipes de Progresso Contínuo:

- usam as idéias e a motivação de todos os membros da equipe;
- fazem uso melhor do tempo dos membros e do líder da equipe;
- aumentam a produtividade e a satisfação para você, sua equipe e a organização.

Segundo, o que são Equipes em Progresso Contínuo? São equipes que podem:

- usar o *compartilhamento de informações* para construir níveis elevados de confiança e responsabilidade;
- usar *limites claros* para criar liberdade para agir de modo responsável;
- usar *habilidades de autogerenciamento* para tomar decisões em equipe e obter ótimos resultados.

Uma vez que esteja claro o quadro de uma Equipe em Progresso Contínuo, você e os membros da sua equipe podem determinar como vão operar agora. Então, você pode iniciar o processo de criar uma Equipe em Progresso Contínuo para obter ótimos resultados.

Aquele entre vocês que for fã dos livros de Ken Blanchard irá perceber que *Go Team!* parte das facilmente compreensíveis parábolas de negócios de Ken. Este livro destina-se a ser um guia de trabalho repleto de instruções detalhadas para pessoas que querem criar equipes de alto desempenho.

Go Team! vai conduzi-lo através de *três etapas para obter ótimos resultados*.

Etapa 1 – Começar a aprender as habilidades para o Progresso Contínuo.
Etapa 2 – Acelerar a mudança.
Etapa 3 – Dominar as habilidades.

Cada etapa destina-se a guiar sua equipe rumo ao Progresso Contínuo. Como você, os membros da sua equipe e seu líder movem-se juntos através do livro, e a responsabilidade vai se deslocar naturalmente do seu líder para a sua equipe. Você vai aprender a usar com mais eficácia suas idéias, a tomar excelentes decisões de equipe e a se sentir orgulhoso por ter contribuído de maneiras novas e mais significativas.

Seu líder também vai apreciar a mudança de sua equipe para o Progresso Contínuo porque ele (ou ela) terá novas oportunidades para ajudar a equipe. Que líder não se sentiu frustrado por não ter tempo para planejar o trabalho, pensar adiante, receber treinamento, treinar os membros da equipe ou investigar um novo equipamento que poderia ser necessário no futuro?

À medida que seu grupo se move para se tornar uma Equipe em Progresso Contínuo, você vai melhorar a criatividade, aumentar a satisfação, desenvolver uma sensação de orgulho de grupo e conseguir resultados excelentes. De repente, vai perceber que sua equipe está se superando.

Aprenda o que são Equipes em Progresso Contínuo e o que elas podem fazer. E então use este livro como um recurso e cumpra as três etapas com sua equipe para obter ótimos resultados. Desfrute da jornada – e se prepare para se superar!

UM

Entendendo as Equipes em Progresso Contínuo

um quadro do seu futuro

Sem dúvida você já ouviu falar sobre o trabalho em equipe e sua importância no mundo dos negócios atual. Talvez sua organização já tenha inclusive tentado trabalhar mais com equipes e exorte o trabalho em equipe.

Mas a maioria das pessoas está muito mais familiarizada com a idéia de um grupo de trabalho. É a linha de frente de uma organização em que o produto é feito ou o serviço é prestado. A idéia dos grupos de trabalho baseia-se em uma visão que tem suas raízes na antiga noção de uma organização com linhas rígidas de controle administrativo, autoridade e responsabilidade. Em outras palavras, aqueles que ocupam posições de liderança tendem a assumir que devem tomar mais decisões sobre o trabalho, e os empregados, que devem fazer o que seus líderes lhes ordenam.

Por que atualmente é requerido um novo tipo de equipe?

Hoje, no mundo dos negócios, em constante mutação, concentrar a autoridade na tomada de decisão em poucas pessoas não obtém mais o tipo de resultados necessários. Além disso, a tomada de decisão centralizada coloca uma carga indevida sobre aqueles que tomam as decisões e é frustrante para aqueles que não podem agir até que as decisões sejam tomadas. A comunicação no sistema de trabalho tradicional move-se muito vagarosamente. E, pelo fato de a tomada de decisão ser lenta, as pessoas são inibidas de agir de maneira oportuna e responsável.

Com essa abordagem do trabalho, as organizações não conseguem ser bem-sucedidas na competição e as pessoas não se sentem valorizadas. O resultado é uma baixa motivação e um mau desempenho da empresa. Aproximar as decisões fundamentais da linha de frente faz sentido. Essa abordagem está no âmago do trabalho em equipe que consegue ótimos resultados. Mas, para muitas pessoas, significa operar em um novo mundo.

QUE TIPO DE EQUIPE OBTÉM ÓTIMOS RESULTADOS?

Para sermos bem-sucedidos no ambiente de trabalho atual, complexo e em constante mutação, precisamos aprender uma nova maneira de trabalhar em equipe. Precisamos colocar nossas equipes em Progresso Contínuo. Isso significa criar equipes que liberem o poder dos seus membros – poder que vem do seu conhecimento, experiência e motivação interna.

Por exemplo, um supervisor que conhecemos ficou frustrado pela quantidade de tempo que passava realizando tarefas que, embora importantes do ponto de vista administrativo, não pareciam maximizar o uso de seus talentos e habilidades na organização. Ele pensou em como poderia mudar isso. Pensou sobre o tempo valioso que passava aprovando pequenas aquisições de ferramentas e suprimentos para seu grupo. Depois considerou como poderia usar melhor as habilidades do seu pessoal na realização de tarefas que não aproveitavam o máximo de sua experiência e habilidades.

Uma dessas tarefas era fazer o pedido de pequenas ferramentas e materiais para a equipe cada vez que alguém vinha até ele com uma solicitação. Então, ensinou os membros da equipe a fazer eles próprios os pedidos e começou a delegar essas aquisições à equipe. Permitiu-lhes fazer pequenos pedidos diretamente, sem sua aprovação. De início, colocou um *limite* nas aquisições – um custo limite de 100 dólares –, mas mais tarde ampliou o limite quando o nível de bem-estar da sua equipe (e o dele) aumentou. Os membros tinham autoridade para pedir mais facilmente os suprimentos necessários, sem o atraso da aprovação do supervisor e sentiram-se ótimos. O custo dos suprimentos foi reduzido em 20 por cento, pois as pessoas passaram a ser mais cuidadosas e a pedir apenas aqueles materiais realmente necessários.

Parece fácil, não é? Mas, dada a nossa história e a nossa acomodação com os grupos de trabalho tradicionais, temos que desaprender muita coisa para seguir as etapas como fez esse supervisor. E, embora as pessoas possam se queixar do controle gerencial, elas se acomodam em não ter de assumir muita responsabilidade pelas decisões e pelos resultados. Mas assumir essa responsabilidade é exatamente o que é requerido para mover as equipes para novos níveis de excitação, energia e desempenho.

O que é Uma Equipe em Progresso Contínuo?

Para ter uma Equipe em Progresso Contínuo crie uma equipe que

1. Seja um grupo interativo e altamente habilitado que use as idéias e a motivação de todos os seus membros.
2. Use o compartilhamento das informações para criar níveis elevados de confiança e responsabilidade.
3. Use limites claros para criar liberdade e responsabilidade para realizar as tarefas de maneira eficiente.
4. Faça uso eficiente do tempo e dos talentos dos membros e do líder da sua equipe.

Use as habilidades de autogerenciamento para tomar decisões de equipe e gerar ótimos resultados para a equipe, seus membros e a organização.

EXEMPLO

A Equipe em Progresso Contínuo em Ação

O gerente de um departamento de melhora do desempenho recém-desenvolvido em uma usina nuclear foi solicitado a assumir a responsabilidade pelo boletim do local. Juntamente com o boletim veio seu editor, Bill, como um novo membro da equipe do gerente. Durante a primeira reunião de Bill com o gerente, ele se queixou de que a gerência o havia restringido a escrever um boletim mensal de quatro páginas para um projeto de construção que abarcava seis mil trabalhadores. Bill insistia em que expandir o boletim para seis ou oito páginas o melhoraria bastante.

O gerente ponderou tranqüilamente que para isso Bill teria de trabalhar muito mais. Afinal, ele seria responsável por colher as informações, escrever os artigos, tirar fotos, trabalhar com o impressor e enviar o boletim para toda a força de trabalho. O gerente ficou tentado a dar a Bill uma maior quantidade de páginas (ele achava que dez páginas seriam o limite), mas em vez disso deu-lhe um objetivo claro de desempenho. Disse: "Bill, escreva o que tiver de ser escrito para se comunicar adequadamente com as pessoas sobre este projeto, e, se ficar grande demais, eu lhe digo".

Bill saiu da sala do gerente com energia e entusiasmo renovados e começou a trabalhar na melhora do boletim. Usando sua criatividade, solicitou a ajuda de outras pessoas à sua equipe e ao projeto: o artista gráfico, o fotógrafo do local, o coordenador das atividades, o operário de campo e outros. Em dez meses, haviam transformado o boletim em uma revista de 32 páginas e no instrumento de comunicação mais respeitado sobre o projeto. Era tão informativo e conquistou tanto respeito que o proprietário do projeto, a companhia de eletricidade, começou a solicitar 88 cópias por mês para seu conselho de diretores.

Como membro da equipe de gerência, foi atribuída a Bill toda a responsabilidade pela eficácia do boletim do local. Bill, por sua vez, solicitou a ajuda de seus colegas de equipe. Quando se sentiram à vontade com sua nova responsabilidade e autoridade, começaram a experimentar novidades, melhorando significativa e fundamentalmente o boletim, criando o instrumento de comunicação mais importante do local.

Nesse caso, delegar a total responsabilidade a Bill e aos outros membros da equipe criou um novo boletim e um ótimo resultado.

Questões a Considerar

Transformando sua equipe em uma Equipe em Progresso Contínuo

No exemplo acima, explicamos como foram dadas a Bill e aos outros membros da equipe responsabilidade e autoridade maior para tomar decisões sobre o boletim. Por exemplo, eles

- decidiram quantas páginas o boletim deveria conter;
- decidiram o conteúdo do boletim;
- tornaram-se responsáveis pelo controle do orçamento do boletim;
- puderam pedir a outras pessoas para ajudá-los com artigos e fotos;
- responderam a todas as indagações com relação ao boletim;
- decidiram quantas horas deveriam trabalhar para conseguir os resultados desejados.

Pensando neste exemplo, como você e os membros da sua equipe poderiam fazer bom uso de maior autoridade e assumir mais diretamente suas tarefas? Que decisões seu supervisor toma agora que poderiam ser assumidas por sua equipe?

Equipes em progresso contínuo e o papel do líder

Historicamente, as decisões para o trabalho do dia-a-dia e a responsabilidade geral pelo sucesso de um grupo de trabalho têm recaído sobre o líder. Esta era uma das expectativas claras do papel do líder. Os líderes ficavam à vontade com essa responsabilidade, na verdade conferindo um alto valor a esse exercício do poder.

Além disso, durante a maior parte do último século, algumas teorias de gerenciamento ensinavam que os trabalhadores não aceitariam a responsabilidade e, de fato, usariam mal o seu tempo se ficassem sem supervisão. Como resultado, esperava-se que os líderes supervisionassem de perto seu pessoal e certamente não lhe delegassem a responsabilidade pelas decisões de trabalho.

Por isso, quando falamos em deslocar as decisões para mais perto do ponto da ação e colocá-las nas mãos da equipe, isso contradiz o papel tradicional do líder. Uma das questões fundamentais dos gerentes, supervisores e líderes da equipe é: "Qual será o meu papel nesse novo ambiente? Se a minha equipe tomar mais decisões de trabalho no dia-a-dia, o que eu farei?".

Na verdade, delegar as decisões de tarefas diárias realça o papel do líder e também dos membros da equipe. O líder pode assumir novas tarefas, particularmente aquelas que parecem ficar de lado em prol de decisões diárias mais imediatas. Uma gerente explicou sua apreciação da Equipe em Progresso Contínuo declarando: "Delegar à equipe algumas decisões e tarefas do dia-a-dia tem me permitido concentrar em questões de importância estratégica para o nosso departamento". Muito do nosso tempo tem sido gasto para acalmar os ânimos. Agora, com as equipes fazendo esse papel, elas assumiram novas tarefas com maior potencial de contribuição.

Para entender o impacto positivo de uma Equipe em Progresso Contínuo sobre o seu líder, considere o que ele poderia fazer se tivesse duas horas extras em seu dia de trabalho para realizar outras atividades. Na verdade, temos feito essa pergunta a muitos líderes, e algumas das respostas que obtivemos incluem:

- passar mais tempo planejando o trabalho;
- pesquisar novos equipamentos que podem ser necessários;
- lidar com algumas questões que estorvam o trabalho da equipe;
- passar mais tempo treinando e aconselhando os membros da equipe;
- comparecer a uma conferência relacionada ao trabalho;
- interagir mais com os clientes;
- participar de um curso de treinamento e aprender novas habilidades.

É importante entender que a mudança para uma Equipe em Progresso Contínuo tem o benefício adicional de liberar o líder, supervisor ou gerente para se concentrar na melhor maneira de servir a equipe e a organização.

QUESTÕES A CONSIDERAR

O papel de seu líder no trabalho da Equipe em Progresso Contínuo

Se o seu gerente, supervisor ou líder de equipe tivesse duas horas extras por dia – ganhas por expandir a responsabilidade e a autoridade da sua equipe – em que novas atividades ele poderia se envolver para incrementar mais o grupo, o departamento ou a organização?

Benefícios das equipes em progresso contínuo

Já exploramos como as Equipes em Progresso Contínuo poderiam impactar suas ações cotidianas no local de trabalho. Também já consideramos como os papéis dos líderes e dos membros da equipe mudam em um ambiente desse tipo. Essas são mudanças importantes e poderosas no modo de operação de uma organização. Mas será que essa mudança é justificada? Vale o esforço? Realmente consegue ótimos resultados? Vamos examinar mais dois exemplos.

Exemplo

A cadeia de lojas de conveniência

Uma cadeia de lojas de conveniência na Costa Oeste estava experimentando níveis de rotatividade de empregados de 140 a 220 por cento ao ano, normal para esse tipo de negócio. Quando a companhia implementou conceitos da Equipe em Progresso Contínuo, o índice de rotatividade caiu para 70 por cento. Da perspectiva da companhia, a economia considerável em tempo e gastos de recrutamento, treinamento de novo pessoal e interrupções nas operações certamente valeram o esforço.

Os empregados também foram beneficiados pela mudança. Hoje em dia as entrevistas de demissão indicam que quando as pessoas decidem deixar a companhia para aproveitar a oportunidade de um novo emprego não a estão deixando porque estão insatisfeitas.

Uma resposta típica dos membros da equipe antes do Progresso Contínuo: "Disseram-me que eu devia vender minha alma por um emprego de salário mínimo". Atualmente, uma resposta típica é: "Eu provavelmente tive a melhor experiência de primeiro emprego que poderia imaginar. Pretendo ser cliente deles durante muito tempo". As Equipes em Progresso Contínuo desta companhia criaram uma força de trabalho mais satisfeita e leal, e os benefícios para a companhia têm sido notáveis.

A companhia de telecomunicações

Uma companhia de telecomunicações da Costa Leste mudou para as Equipes em Progresso Contínuo. Uma vez em funcionamento, foi permitido a essas equipes avaliar os métodos de produção e depois fazer e implementar sugestões para sua melhora. Como se poderia esperar, as equipes começaram lentamente, com muito poucas sugestões, mas estas tiveram um impacto positivo. Dois anos depois, o número de sugestões aumentou para mais de cinco por empregado por ano, o que excede em muito a média nacional de menos de uma sugestão por empregado anualmente. Além disso, o número de idéias implementadas aumentou rapidamente para mais de 60 por cento das idéias sugeridas – um dado quase seis vezes maior que a média nacional para as sugestões implementadas. As sugestões introduzidas economizaram milhões de dólares à companhia. Igualmente importante foi a mudança na atitude dos integrantes da equipe. Um membro disse: "Não importa que nome esteja na placa do lado de fora; a companhia pertence tanto a mim e à minha equipe quanto a qualquer outra pessoa".

Questões a considerar

Os benefícios de transformar sua equipe em uma Equipe em Progresso Contínuo

Usando os dois exemplos para estimular seu pensamento, quais seriam os potenciais benefícios de a sua equipe se transformar em uma Equipe em Progresso Contínuo? Como seu trabalho como uma Equipe em Progresso Contínuo favoreceria a companhia ou seu departamento? Como ajudaria o líder da sua equipe? E, finalmente, como poderia beneficiá-lo e aos membros da sua equipe?

Retratando seu grupo de trabalho como uma equipe em progresso contínuo

Você agora começou a entender o que é uma Equipe em Progresso Contínuo e por que ela é tão importante no clima empresarial atual. Em termos simples, o mundo do trabalho tornou-se demasiado complexo e dinâmico para os indivíduos que o seguem sozinhos ou para os grupos de trabalho tradicionais que operam com uma autoridade limitada serem bem-sucedidos. Você e sua organização precisam de Equipes em Progresso Contínuo que tenham maior autoridade para agir, liberar as energias criativas das pessoas e proporcionar oportunidades para acrescentar maior valor à organização.

As Equipes em Progresso Contínuo encorajam todos a se sentir valorizados, responsáveis e envolvidos no trabalho. Os participantes podem se orgulhar de usar seu conhecimento, experiência e motivação para conseguir ótimos resultados que beneficiem a equipe e a organização.

Enquanto você se prepara para a jornada de criar sua própria Equipe em Progresso Contínuo, reserve um tempo para pensar sobre o que discutimos até agora. Você provavelmente já ponderou algumas coisas sobre sua própria equipe e talvez tenham-lhe vindo à mente algumas questões. Nesse ponto, seria útil você considerar sua equipe como ela é hoje e como se compara com uma Equipe em Progresso Contínuo. Nós o encorajamos a reservar alguns minutos para discutir as seguintes questões com sua equipe.

Passando de uma idéia para a ação

Embora a idéia de transformar seu grupo em uma Equipe em Progresso Contínuo possa ser atraente, é importante reconhecer que entender a idéia e realmente colocá-la em prática são duas coisas diferentes. Transformar sua equipe em uma Equipe em Progresso Contínuo, embora seja algo desafiador, é certamente factível e vale o esforço. As Equipes em Progresso Contínuo podem lidar com a complexidade e a mudança de maneiras realmente impressionantes. Também podem fazê-lo se sentir mais engajado e valorizado no trabalho.

Questões a considerar

Sua equipe agora

Como as Equipes em Progresso Contínuo diferem da maneira como sua equipe está operando atualmente? Por exemplo, com relação a hoje:

- Todos em sua equipe se sentem engajados, valorizados e orgulhosos como um membro da equipe?
- Sua equipe tem e aceita a autoridade para tomar decisões sobre suas tarefas?
- Você entende os limites da autoridade da sua equipe e acha que ela pode ser expandida?
- Sua equipe sabe como se autogerenciar para realizar o trabalho?
- Sua equipe realmente consegue ótimos resultados?

O restante deste livro o conduzirá através das três etapas seguintes para transformar sua equipe em uma Equipe em Progresso Contínuo:

Durante essa excitante jornada, você vai aprender a usar as três principais habilidades de uma Equipe em Progresso Contínuo:

Três Etapas para a Equipe em Progresso Contínuo

Etapa 1

Começar a aprender as habilidades da Equipe em Progresso Contínuo

Etapa 2

Acelerar a mudança

Etapa 3

Dominar as habilidades

- use o *compartilhamento das informações* para construir níveis elevados de confiança e responsabilidade;
- use *limites claros* para criar liberdade para agir de maneira responsável;
- use as *habilidades de autogerenciamento* para tomar decisões e conseguir ótimos resultados.

As Equipes em Progresso Contínuo estão capacitadas para se superar, enquanto os grupos de trabalho tradicionais estão incapacitados. Quando você cerceia as pessoas, acaba tendo em volta "vacas de presépio".

A Equipe em Progresso Contínuo substitui o auto-interesse, a dependência e o controle com a parceria, a responsabilidade e o compromisso.

Esta jornada vai mudá-lo e mudar os membros da sua equipe, assim como a maneira de trabalharem juntos. Às vezes poderá ser desafiador, mas com este livro como guia sua jornada será mais fácil. E, em um período de tempo relativamente curto, você estará em Progresso Contínuo, ponderando por que não fez isso antes.

ETAPA 1

Comece a Aprender as Habilidades do Progresso Contínuo

DOIS

Use as Informações para Construir Responsabilidade

Como você transforma a sua equipe em uma Equipe em Progresso Contínuo? A mudança começa quando você aprende e aplica as habilidades do Progresso Contínuo. Este capítulo vai preparar sua equipe enquanto você aprende a usar as informações para construir responsabilidade.

As decisões requerem informações

Em qualquer processo de mudança tem de haver um ponto de partida. Vamos imaginar que você é um arquiteto e foi solicitado a projetar uma casa para uma família. Você precisa saber algumas coisas antes de poder desenvolver um conceito de como deve parecer a casa. Mas vamos também imaginar que lhe foi dito que não pode falar com a família sobre seus desejos e necessidades. Precisa planejar a casa baseado em suas próprias suposições.

Confuso, você passa a planejar a casa para uma família "média" de quatro membros, localizada em um clima temperado. Quando finalmente conhece a família, fica sabendo que há sete crianças e que a casa será localizada em uma aldeia na costa da Islândia. Desnecessário dizer que você fica surpreso. E também desapontado, porque vai precisar fazer um novo projeto. Você fez o melhor que pôde, mas, embora tenha desperdiçado um tempo e uma energia valiosos, a casa que projetou não funciona para a família.

Em circunstâncias normais, você teria feito perguntas no início do projeto, tais como:

- Qual o tamanho da família?
- Quantos filhos tem o casal e quais são suas idades?
- Algum pai ou mãe idoso ou outra pessoa também mora com a família?
- Onde será localizada a casa e qual é o clima no local?
- Que estilo de casa a família deseja?
- A família tem alguma necessidade especial?
- A casa será construída na cidade ou no campo?

É claro que jamais uma casa seria planejada sem primeiro se reunirem todas as informações importantes e transmiti-las ao arquiteto. A intenção principal deste exemplo é enfatizar a *importância das informações em tomar boas decisões.*

Como isso se relaciona com sua equipe e com sua organização? Vamos observar uma situação da vida real.

Exemplo

A Equipe em Progresso Contínuo em ação

A equipe de gerenciamento de um projeto de construção decidiu começar a compartilhar informações com as pessoas sobre os índices de produtividade para vários aspectos do trabalho. Esses índices foram usados para estimar o custo do projeto e desenvolver um orçamento para o trabalho. No passado, esses índices foram bastante protegidos e nunca compartilhados com os operários que realizariam o trabalho.

Quando os índices de mão-de-obra para instalação de aço de reforço foram compartilhados com os siderurgistas, eles ficaram curiosos para ver se superariam o índice orçado. Quando terminaram o trabalho, haviam reduzido 25 por cento das horas alocadas por tonelada e economizaram uma considerável quantidade de dinheiro do contratante.

Quer estejamos operando a partir de uma suíte executiva ou empunhando uma vassoura, quando tomamos uma decisão, precisamos de informações. Operar como uma Equipe em Progresso Contínuo aumenta o nível de compartilhamento de informações porque os membros da equipe desempenham um papel maior no monitoramento do seu próprio trabalho. As pessoas simplesmente precisam de mais informações para tomar decisões melhores. Quando as informações são compartilhadas livremente, mais potência cerebral é exigida para a resolução de problemas e para o crescimento do negócio.

Exemplo

Exemplos de compartilhamento de informações do Progresso Contínuo

Os trabalhadores da linha de frente da produção da Chesebrough Ponds Inc. examinam rotineiramente relatórios de inventário *on-line* dos centros de distribuição da companhia e fazem ajustes em seus horários de produção.

Os trabalhadores de uma pequena fábrica da Xerox geraram mais de 3 milhões de dólares de economia por ano ao receberem informações sobre os custos da concorrência.

O dinamicamente crescente Whole Foods Market Inc. torna as informações de salário de todas as pessoas – inclusive dos executivos – disponíveis para todos os membros da equipe.

Quando o negócio muda, a natureza do trabalho precisa se alterar. Os relacionamentos, as responsabilidades e as informações que fluem entre a gerência e a força de trabalho devem mudar para satisfazer a demanda de um desempenho sempre melhor. A mudança para Equipes em Progresso Contínuo começa com o compartilhamento das informações necessárias para as pessoas realizarem seu trabalho eficaz e eficientemente. O compartilhamento das informações é absolutamente essencial para resolver os problemas que infestam as organizações.

Exemplo

Compartilhamento de informações e resolução de problemas

Nas sessões de treinamento para as Equipes em Progresso Contínuo um exercício chamado de "Quebra-Cabeça do Polígono" é usado para demonstrar o poder do compartilhamento das informações. Os participantes são solicitados a completar um grande quebra-cabeça composto de peças de plástico coloridas. O quebra-cabeça é difícil de ser montado, por isso cada participante recebe uma carta com uma chave para a solução. Durante cinco minutos, os participantes compartilham as chaves verbalmente com aqueles que estão na sua mesa. Durante outros cinco minutos, eles compartilham as chaves com todos os participantes. Isso encoraja a comunicação verbal, a escuta e o compartilhamento das informações.

Finalmente, são proporcionados a todos os participantes, trabalhando como uma grande equipe, mais cinco minutos para montar o quebra-cabeça. Por mais difícil que seja o quebra-cabeça, ele é quase sempre montado dentro do tempo concedido se as chaves forem adequadamente compartilhadas.

A rica discussão que segue o exercício apresenta pontos importantes sobre como as informações são fundamentais para a resolução de problemas e como cada membro da equipe tem informações que podem ser vitais na resolução do problema. Também revela as barreiras ao compartilhamento das informações que impedem as equipes de chegar a soluções efetivas.

◎ Questões a considerar

Avaliando o compartilhamento de informações em sua equipe

Usando os exemplos citados sobre o compartilhamento das informações para estimular seu pensamento, como você poderia avaliar o nível de compartilhamento de informações em sua equipe? Sua equipe recebeu informações que vão ajudá-lo a tomar melhores decisões sobre o trabalho? Os membros da sua equipe compartilham abertamente uns com os outros informações relacionadas ao trabalho? Eles as compartilham com a gerência?

QUE INFORMAÇÕES COMPARTILHAR?

A história que se segue ilustra como os membros da equipe providos de informações podem resolver problemas que com freqüência desconcertam os especialistas.

✪ EXEMPLO

O clube de campo

Um clube de campo exclusivo enfrentava um problema porque seus membros estavam levando para casa o caro xampu disponível em seus chuveiros. O presidente do clube considerou todos os tipos de opções para resolver o problema, mas não conseguiu encontrar uma solução que não ofendesse os membros. Finalmente, compartilhou essa informação com a atendente do vestiário, que respondeu: "Não se preocupe, eles não farão mais isso". O presidente pareceu desconcertado. A atendente continuou: "É simples. Vou tirar as tampas dos xampus. Ninguém vai querer levar o xampu sem a tampa".

O compartilhamento das informações requer que mudemos nossas crenças anteriores sobre o que as pessoas precisam saber. Se os membros da equipe forem solicitados a aceitar mais responsabilidade pelo desempenho no trabalho, deverão receber mais recursos que afetem esse desempenho.

Historicamente, as informações têm sido guardadas e mantidas em vários níveis da organização, cada nível supondo que o compartilhamento dessas informações iria comprometê-la. As informações devem ser encaradas como poder, e aqueles que detêm as informações devem ser vistos como mais poderosos.

Mas, como sugerem os exemplos, o poder na verdade aumenta quando mais pessoas são incluídas nos processos de pensamento da organização. Os siderurgistas aumentaram a produção quando tiveram um marco de referência, e a atendente do vestiário imaginou uma solução quando tomou conhecimento do problema.

O compartilhamento de informações no local de trabalho é simplesmente o processo de comunicação entre pessoas que têm objetivos mutuamente estabelecidos. Em outras palavras, as pessoas que estão trabalhando em prol do mesmo resultado têm necessidade de ajudar umas às outras reunindo as melhores informações disponíveis.

No passado, a comunicação era entre a equipe e seu líder ou supervisor. Em um ambiente de Equipe em Progresso Contínuo, a comunicação se amplia para incluir outras equipes de trabalho, gerentes e clientes.

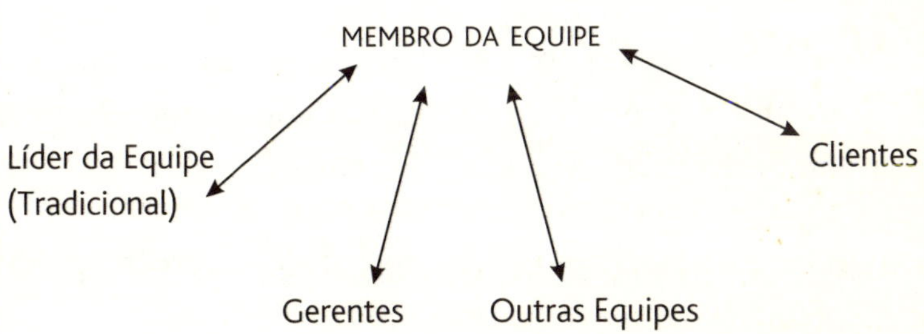

Comunicação dos Membros da Equipe em
um Ambiente de Equipe em Progresso Contínuo

No passado, as informações compartilhadas com os empregados da linha de frente eram em geral apenas aquelas necessárias para a realização do trabalho. Os empregados da linha de frente não tinham de tomar decisões e, por isso, não precisavam de muitas informações. As Equipes em Progresso Contínuo devem tomar e implementar decisões, e por isso precisam de informações em maior número e de diferentes tipos.

Em um ambiente de Equipe em Progresso Contínuo, isso inclui ter informações como:

- índices de produção e estatística de qualidade, tanto esperados quanto experimentados;
- *feedback* do cliente, tanto positivo quanto negativo;
- o desempenho da concorrência;
- a situação financeira da organização;
- os problemas específicos que a organização está enfrentando;
- *feedback* sobre o desempenho geral da equipe;
- a saúde da indústria.

Os membros da Equipe em Progresso Contínuo também recebem informações que precisam ser compartilhadas para ajudar em decisões melhores, tais como:

- o que está funcionando bem e o que não está funcionando para a equipe;
- idéias para melhorar os processos de trabalho para aumentar a produtividade;
- sugestões para melhores condições de trabalho que produzam melhores resultados;

- idéias para melhorar a qualidade;
- sugestões para o treinamento necessário.

EXEMPLO

As informações abrem caminho para um processo de produção melhorado

Um grupo de trabalhadores de uma fábrica de componentes de automóveis passava seu tempo moldando os componentes em uma prensa de 800 toneladas Quando precisavam mudar a tinta na imensa máquina para uma nova série de componentes, a máquina ficava fora de linha, sem produzir componentes e sem dar lucro à companhia. Mesmo com seus maiores esforços, o tempo médio de preparação da máquina era de duas horas e meia.

Certo dia, um gerente mencionou que os trabalhadores de outros países estavam mudando as prensas do mesmo tamanho em dez minutos. De início, os operários não acreditaram nele; isso lhes parecia humanamente impossível.

Entretanto, após confirmar a informação, os funcionários começaram a se informar melhor sobre como reduzir o tempo de mudança de atividade da máquina. Trabalharam continuamente sobre o problema, analisando e imaginando novas técnicas. Alguns dos trabalhadores eram céticos, declarando não acreditar que a mudança de atividade da máquina pudesse ser realizada em menos de uma hora; no entanto, pouco a pouco, foram reduzindo o tempo.

Um ano após o início do seu projeto, o tempo de mudança de atividade da máquina caiu para cinco minutos! Devido à importante economia de tempo, eles aumentaram a produção de sua máquina em 800 horas por ano e os lucros para a empresa em 4 milhões de dólares – tudo porque as pessoas da equipe da prensa receberam novas informações nas quais puderam trabalhar. Neste exemplo, ótimas informações produziram um ótimo resultado.

Questões a considerar

Informações a serem compartilhadas

Baseado nos exemplos sobre o compartilhamento de informações, você consegue pensar em informações que poderia compartilhar com os membros da sua equipe para ajudá-la a operar melhor? Há informações que você gostaria de receber que poderiam ajudá-lo a realizar um trabalho melhor? Você já pensou em uma idéia que poderia melhorar o ambiente de trabalho ou um de seus processos de trabalho?

Confiança

Quando compartilhamos informações com alguém, criamos um acordo implícito de confiança. Confiamos que a pessoa vai lidar de maneira responsável com a informação.

Além disso, quando compartilhamos informações – particularmente de natureza delicada –, uma mensagem poderosa é enviada ao destinatário. Esta mensagem não falada diz que valorizamos a pessoa e confiamos em que ela vai agir de maneira responsável.

Inversamente, quando nos recusamos a compartilhar informações sigilosas com alguém, podemos enviar a mensagem oposta: que não confiamos na pessoa. Isso prejudica muito o relacionamento de trabalho e, fundamentalmente, as oportunidades de melhora do trabalho.

As Equipes em Progresso Contínuo tornam-se poderosas porque as informações são compartilhadas abertamente em uma atmosfera de confiança e respeito. Os membros da equipe sabem que são protegidos pelo vínculo de confiança que existe entre eles e por isso se sentem mais livres para oferecer informações que podem ser sigilosas, mas são importantes para o sucesso da equipe.

Compartilhar informações aumenta a confiança e cria relacionamentos produtivos

A NECESSIDADE DE MUDAR NOSSAS CRENÇAS SOBRE AS INFORMAÇÕES

As crenças que todos nós adquirimos sobre o trabalho estão profundamente incorporadas no nosso pensamento. Essas crenças finalmente tornam-se potentes direcionadores do nosso comportamento no trabalho. No sistema tradicional, aprendemos que as informações sobre uma organização e seus sistemas eram firmemente retidas em seus vários níveis e compartilhadas segundo a necessidade.

O ambiente da Equipe em Progresso Contínuo modifica totalmente o antigo modo de pensar. As informações sobre a organização e seus sistemas são explicitamente compartilhadas de modo a fluírem naturalmente para as áreas onde são mais necessárias.

Às vezes, as informações sigilosas de uma organização devem ser retidas. Mas grande parte do que era controlado no passado são informações que podem e devem ser compartilhadas com todos. Por exemplo, informações financeiras sobre a saúde da organização raramente são discutidas, embora a maior parte delas possa ser prontamente encontrada no relatório anual da organização enviado aos acionistas.

A quebra do sigilo dessas informações pela unidade empresarial, departamento ou grupo de trabalho torna-se significativa para os membros da equipe quando elas podem ter relação com o modo como sua atividade diária contribui para esses resultados e então atuam de novas maneiras para iniciar a melhora.

Quando você compartilha essas informações, desencadeia um processo que vai criar confiança. Finalmente, vai criar relacionamentos de trabalho mais fortes e um melhor desempenho da sua equipe.

Não há alegria na posse sem compartilhamento.

ERASMO DE ROTTERDAM

TRÊS

Esclareça os Limites para Criar Ação Concentrada

Quando começamos a operar como uma Equipe em Progresso Contínuo, a liberdade associada a novas responsabilidades e autoridade pode parecer pouco clara. O que podemos fazer e o que não podemos fazer? É aí que os limites tornam-se valiosos porque nos ajudam a definir claramente nossa autoridade e assim nos permitem tomar boas decisões e realizar ações independentes.

O QUE É UM LIMITE?

Um *limite* é uma linha divisória. É uma fronteira que define um território. Por exemplo, a linha que divide a nossa propriedade daquela do nosso vizinho é um limite, e sabemos que não devemos cruzá-la quando nela são plantados árvores e arbustos. Como esse limite é claramente definido, podemos tomar decisões sobre a nossa propriedade sem medo de "ultrapassar nossos limites".

Quando um limite não está claramente definido, as pessoas devem tentar decidir por si mesmas onde ele está, e a história está cheia de exemplos de como as pessoas têm lutado por limites não claramente estabelecidos.

Ações independentes precisam de limites para que as pessoas possam agir com um sentido de direção e autonomia e sem medo de retaliação. A intenção dos limites em um ambiente de Equipe em Progresso Contínuo não é restringir a ação, mas sim criar responsabilidade e liberdade de ação. O antigo sistema estreita os limites, enquanto a abordagem do Progresso Contínuo os amplia.

No Capítulo 1 falamos de um supervisor que transformou sua equipe em uma Equipe em Progresso Contínuo e permitiu aos seus membros fazer aquisições relacionadas ao trabalho sem o seu envolvimento. Definiu melhor esta nova autoridade dando-lhes um limite de gastos de 100 dólares, que mais tarde foi aumentado, quando todos ficaram mais à vontade com a nova autoridade.

Nesse exemplo, o limite foi definido por uma ação (fazer uma aquisição sem a aprovação do supervisor) e por uma diretriz (um limite de gasto de 100 dólares). A nova liberdade para fazer uma aquisição pôs fim à restrição imposta pelo processo de aprovação incômodo usado anteriormente, e o limite de 100 dólares ajudou as pessoas a entender sua autoridade nesse novo processo.

Em uma cultura tradicional, o papel da pessoa é realizar uma tarefa. Em um ambiente de Equipe em Progresso Contínuo, seu papel é atingir um resultado e, para isso, realizar as ações necessárias para atingir esse resultado.

Especialmente no início da mudança para as Equipes em Progresso Contínuo, as pessoas precisaram de uma direção clara para poder agir com liberdade e responsabilidade. Estão sendo solicitadas a assumir maior responsabilidade pelo sucesso da organização, mas na maioria dos casos não estará claro o que isso significa. Assim como as pessoas precisam de instruções específicas quando ingressam num novo emprego, também necessitarão de diretrizes para tomar decisões quando estiverem operando em Progresso Contínuo.

Os limites esclarecem os papéis

Historicamente, as pessoas tiveram de trabalhar para realizar tarefas. Basicamente, eram solicitadas a fazer o que lhes era ordenado. Entretanto, nos últimos 25 anos, as "tarefas" que as pessoas são solicitadas a fazer evoluíram bastante. Com a introdução da participação no local de trabalho, os colaboradores têm sido solicitados a se envolver mais diretamente na melhora do processo.

As Equipes em Progresso Contínuo passam esse envolvimento para um nível superior, transferindo para as linhas de frente mais autoridade e responsabilidade pelas decisões. Até agora, o impacto dessa mudança ainda não foi plenamente apreciado. Por isso, as organizações que transformam suas equipes em Equipes em Progresso Contínuo às vezes experimentam reveses quando tentam ir adiante. Muito freqüentemente os gerentes acham que as pessoas irão automaticamente assumir uma responsabilidade concentrada, mas esse deslocamento demanda novos *insights*, tanto por parte dos empregados quanto dos gerentes. Ajudar as pessoas a entender claramente seus papéis nesse ambiente é fundamental para o sucesso. Como um gerente ou supervisor deve agir ao trabalhar com Equipes em Progresso Contínuo? Como devem agir os trabalhadores? Quando um trabalhador deve tomar uma decisão e quando essa decisão deve ser encaminhada a uma autoridade mais elevada? Estas são algumas questões encontradas no início da jornada rumo às Equipes em Progresso Contínuo.

As pessoas precisam de respostas, e os limites desempenham um papel importante no processo porque podem ajudar a definir tarefas, comportamentos e papéis. Eles são fundamentais para proporcionar respostas para essas questões.

EXEMPLO

Os limites proporcionam uma direção clara

Em uma organização de serviços financeiros, os executivos e um grupo de gerentes de nível intermediário definiram suas expectativas iniciais listando tarefas específicas que os grupos de trabalho da organização deveriam ser capazes de realizar enquanto eram transformados em Equipes em Progresso Contínuo. A intenção era criar uma visão do que suas equipes seriam no futuro. Para desenvolver essa lista, eles discutiram a questão: "O que especificamente você quer que suas equipes de trabalho façam no futuro que não estão fazendo agora?". Sua lista incluía o seguinte:

A equipe

- toma a maior parte de suas decisões cotidianas, tais como designar tarefas, rodiziar as funções, marcar férias etc.;

• planeja e programa o seu trabalho;
• realiza as tarefas administrativas de rotina anteriormente realizadas por seus supervisores;
• conduz suas próprias auditorias de qualidade;
• estabelece seus próprios padrões de desempenho e avalia seu desempenho em relação a eles;
• desenvolve objetivos alinhados com os objetivos da organização;
• determina suas próprias necessidades de treinamento;
• identifica melhoras para seus processos de trabalho;
• consegue os instrumentos e os materiais necessários;
• assume a responsabilidade pela apresentação e conservação de sua área de trabalho;
• conduz avaliações dos colegas de acordo com seu próprio conjunto de padrões de desempenho.

O benefício da lista era o fato de ela proporcionar uma direção clara para as novas equipes de trabalho, o que lhes permitia desenvolver uma estratégia para o seu desenvolvimento.

Questões a considerar

Limites e papéis

Pense um pouco sobre os limites. Em seu trabalho, você conhece claramente os limites do que pode ou não fazer? De que maneira os limites realmente lhe dão mais liberdade? Que limites podem ser esclarecidos para tornar o seu trabalho mais concentrado e produtivo?

OS LIMITES ENCORAJAM A CRIATIVIDADE E A INVESTIGAÇÃO

Ficamos sabendo sobre um estudo de pesquisa que demonstra um aspecto interessante dos limites. Um grupo de crianças foi levado para um campo aberto e estimulado a brincar. As crianças ficaram muito próximas umas das outras, jamais se aventurando a se afastar do grupo. Os pesquisadores então as levaram para uma área cercada e as crianças usaram o espaço inteiro, explorando os cantos mais distantes do *playground*.

Se tomarmos este exemplo e o relacionarmos ao comportamento na organização, podemos encontrar paralelos. Quando as pessoas não estão bem certas sobre os limites, elas tendem a se "aconchegar" na segurança do seu mundo ou espaço de trabalho conhecido e de sua estrutura e regras familiares. No entanto, se lhes forem dados limites claramente definidos, o risco de se aventurarem mais é menos intimidador.

Talvez o melhor exemplo desse princípio seja demonstrado repetidamente pelo trabalho realizado por equipes de resolução de problemas. Quando existe um problema em uma organização, as pessoas vão se queixar a respeito, acreditando que têm pouca autoridade para afetá-la. Quando a gerência autoriza uma equipe a ser formada para lidar com a questão, proporciona às pessoas designadas para a equipe limites bem definidos, tais como tempo, dinheiro e recursos, e lhes dá liberdade para agir e espera que ajam dentro desses limites.

Exemplo

Os limites podem ser transpostos

Uma equipe da indústria de equipamentos agrícolas reprojetou o produto fundamental da companhia, um trator, em tempo recorde, obtendo permissão para ignorar todas as políticas e procedimentos administrativos que historicamente retardavam o processo.

As vendas do trator haviam caído significativamente nos últimos anos, mas reprojetá-lo totalmente dentro do processo normal da companhia demoraria muito. Então, a gerência selecionou uma equipe de pessoas de toda a companhia e lhes deu a tarefa de reprojetá-lo num tempo recorde. Para isso, deram-lhes autoridade para ignorar os processos e procedimentos há muito tempo em vigor. O resultado final foi um novo trator que foi projetado em cerca de um terço do tempo normal. Mas, mais importante que tudo, ele foi um sucesso no mercado, adicionando lucros muito necessários à linha básica.

Os limites e o crescimento

Outra equipe de uma companhia elétrica pesquisou e resolveu um importante problema de turno de trabalho que há anos baixava a produtividade e aborrecia os trabalhadores e suas famílias.

Frustrado pelas queixas constantes sobre o horário dos turnos dos operadores da usina nuclear, o vice-presidente da divisão reuniu uma equipe de operadores para trabalhar nisso. Para encontrar a melhor solução, ele deu à equipe bastante liberdade para pesquisar o assunto.

Após seis meses estudando o problema, a equipe recomendou um novo horário baseado em dias de trabalho de doze horas. O vice-presidente ficou contente com a recomendação; no entanto, a equipe precisaria convencer a Comissão de Regulamentação Nuclear, que estava preocupada com longas jornadas de trabalho e com a possibilidade de os trabalhadores dormirem durante o expediente.

No entanto, a equipe de operadores pesquisou bem o assunto e conseguiu convencer a comissão de que o novo horário realmente melhoraria a energia, a prontidão e a atenção à tarefa por parte dos operadores. O novo horário dos turnos foi aprovado. A comissão ficou tão impressionada com a pesquisa e as recomendações que pediu à equipe para fazer apresentações para outros serviços de eletricidade sobre aquilo que os operadores aprenderam.

Nestes dois casos, foram ignorados e removidos os limites (principalmente as políticas e os procedimentos), que anteriormente haviam restringido a criatividade e a ação, e substituídos por mais liberdade (objetivos e recursos claros). As pessoas podiam ter um comportamento e um desempenho que eram proibidos na vigência das políticas tradicionais, mas que são encorajados nas Equipes em Progresso Contínuo.

A boa notícia foi o fato de terem sido transpostos limites importantes, o que melhorou de maneira mensurável a organização. A má notícia foi – e continua sendo – o fato de continuarem a existir restrições à criatividade e à inovação. Os procedimentos e as políticas administrativas estão tão enraizados

Os limites que restringem ou reprimem são como arame farpado. Os limites que permitem a liberdade são como elástico.

nos nossos sistemas de trabalho que requerem uma mudança importante na nossa maneira de pensar para ajustá-los, modificá-los ou eliminá-los. Mas, quando a mudança é feita, grandes resultados podem ser obtidos.

Questões a considerar

Limites e investigação

Como as pessoas reagem quando solicitadas a assumir mais responsabilidade, considerando os tipos de limites (políticas e procedimentos) que existem atualmente na sua organização? Como você acha que as pessoas reagiriam se lhes fossem proporcionados limites (objetivos e recursos) claros dentro dos quais pudessem agir de forma responsável para obter os resultados desejados? Por que reagiriam dessa maneira?

Limites: uma advertência

Um propósito fundamental para a mudança para as Equipes em Progresso Contínuo é criar a liberdade para agir. Por isso, nesse primeiro passo do processo de mudança devem ser definidos os limites que não são abertamente restritivos, mas ao mesmo tempo não são tão amplos a ponto de inibir a ação das pessoas.

No início da jornada para o Progresso Contínuo, é melhor errar na direção de limites mais restritivos que criem um pequeno campo de ação para as pessoas. É mais fácil ampliar um limite e permitir mais liberdade do que, de repente, fechá-lo porque as pessoas não foram capazes de lidar com tanta responsabilidade. Também será difícil identificar todos os limites no início; por isso todos devem estar bem conscientes de que o caminho para as Equipes em Progresso Contínuo é, na verdade, uma grande jornada. O processo precisará ser adaptado à medida que for se desenvolvendo.

✪ EXEMPLOS

Definindo limites úteis

Um exemplo característico mostra como um limite explicitamente restritivo inibe o progresso. Em uma indústria de produtos farmacêuticos, uma equipe autodirigida há três anos estava avançando muito no aperfeiçoamento do seu processo de trabalho. A equipe estava fluindo em uma velocidade que superava muito o resto da organização. Quando os membros da equipe precisavam encomendar um componente manufaturado para melhoramentos do seu novo processo, eles se deparavam com uma política de aquisição (restrição) que diminuía consideravelmente seu ritmo de trabalho. A política incômoda frustrava a equipe e era uma fonte de considerável desmotivação.

Limites que não funcionam

Outro caso ilustra a dificuldade de se lidar com limites muito amplos. Em uma estação de televisão, o presidente queria passar rapidamente para um sistema de Equipe em Progresso Contínuo. Criou imediatamente as equipes e pediu que todas elas estabelecessem objetivos para suas áreas de trabalho, que seriam compartilhados com ele e com outros da equipe de gerência. Depois de esperar duas semanas pelo *feedback* de alguma equipe, ficou desapontado em saber que nenhuma havia gerado qualquer objetivo. Quando questionadas, algumas pessoas relataram que simplesmente não sabiam por onde começar – sentiam-se oprimidas com a definição ampla da sua tarefa. Outras relataram estar temerosas de estabelecer objetivos ambiciosos demais, pois sabiam que a equipe de gerência tinha uma história de punir as pessoas que não atingiam seus objetivos. Tendo em vista a história da reação da gerência e uma falta de conhecimento sobre como proceder, as equipes optaram por nada fazer.

Em um nível individual, ser auto-regulador é testar e conhecer os próprios limites – por exemplo, estabelecer quando se dar permissão para agir e quando parar de agir.

JILL JANOV

Questões a considerar

Transformando as restrições em diretrizes

Pense sobre o que restringe sua capacidade para dar o melhor de si no trabalho. Quais são os sistemas e procedimentos da organização que tendem a contê-lo? Como estes poderiam ser mudados sem ir longe demais, depressa demais? Que tipos de novos limites poderiam libertá-lo e ajudá-lo a realizar uma ação concentrada?

✪ Exemplo

Os limites e o koi

Um dos peixes preferidos de quem cria esses animais em aquário é a carpa japonesa, comumente conhecida como koi.

A característica fascinante do koi é que se você o mantiver em um aquário pequeno ele só vai crescer até 6 ou 7 cm de comprimento. Mas se colocar o koi em um aquário maior ou em um pequeno viveiro ele pode atingir de 15 a 25 cm.

Se o koi for colocado em um viveiro grande, pode chegar até 45 cm. No entanto, quando colocado em um lago onde possa realmente se expandir, tem o potencial para atingir um comprimento de até 90 cm! O tamanho do peixe está em relação direta com o seu ambiente.

Esta metáfora é apropriada às Equipes em Progresso Contínuo, porque o "tamanho" das pessoas também é proporcional ao seu ambiente. Quando você permite às pessoas nadar em um tanque maior, digamos assim, elas desenvolvem sua competência, seu caráter e seu compromisso.

Capacitar as pessoas para nadar em águas mais extensas é a essência de uma cultura de Progresso Contínuo. Como o koi, as pessoas crescem quando a oportunidade assim o permite.

Lembre-se de que os limites devem dizer às pessoas o que elas podem fazer, não o que elas não podem.

WILLIAM J. GRAHAM

QUATRO

Aja Como uma Equipe para Promover o Envolvimento Compartilhado

Neste ponto, é chegado o momento de o seu grupo começar a operar como uma verdadeira equipe com um genuíno sentido de envolvimento compartilhado.

O movimento de qualidade da década de 1980 antecipou o uso disseminado do envolvimento dos empregados. O pessoal em todos os níveis das organizações, especialmente aqueles das linhas de frente, tornou-se envolvido em como pensar sobre a melhora da organização. Um dos principais métodos para maximizar esse envolvimento foi o uso das equipes. Foi mostrado repetidas vezes que a colaboração nas equipes resultou em importantes progressos na resolução de problemas e nas inovações, de modo que as equipes foram estabelecidas como um meio de se conseguir ótimos resultados. Seu uso continuou a aumentar.

EXEMPLO

O poder de uma equipe

Em 1983, uma equipe de gerência de uma grande organização estava lutando com um problema muito grave de trânsito na estrada que conduzia ao local da organização. A estrada atravessava 6 quilômetros de terras úmidas protegidas, de forma que não poderia ser ampliada sem um importante impacto ambiental. Toda manhã o trânsito que conduzia ao local ficava congestionado, acrescentando uma hora ao tempo de locomoção. O agravamento resultante causava uma queda importante na produtividade.

Três anos antes, a equipe de gerência havia contratado consultores de trânsito para resolver o problema. Seu trabalho concentrava-se em uma ampliação futura da estrada e parecia promissor, mas suas tentativas de criar soluções de curto prazo falharam totalmente.

Como último recurso, a gerência decidiu reunir uma equipe de pessoas da companhia para criar soluções de curto prazo. A equipe de dez pessoas era composta de engenheiros, pessoal administrativo, trabalhadores da produção e representantes sindicais. Esta equipe reuniu-se duas vezes por semana durante um mês, o que culminou em uma série de recomendações que melhoraram fundamentalmente o fluxo do trânsito tanto para dentro quanto para fora do local.

A simplicidade das recomendações surpreendeu a gerência. Por exemplo, a equipe sugeriu que se proibissem os caminhões de fazer entregas no local entre 6 e 9 horas da manhã. Como muitas entregas eram feitas nesse horário, essa recomendação imediatamente removeu parte do trânsito incômodo que entupia a estrada. Outras recomendações também contribuíram para minorar o problema. O resultado foi uma melhora quase instantânea no fluxo do trânsito.

No início, os membros da equipe de gerência duvidaram de que essa nova equipe conseguisse resolver o problema. Afinal, especialistas haviam estudado o problema durante três anos. Mas, recorrendo ao seu próprio pessoal, eles encontraram uma solução. Penetraram na essência do verdadeiro envolvimento e do trabalho em equipe.

Quando é proporcionada às pessoas liberdade para pensar e experimentar, elas são incrivelmente inovadoras. E quando as pessoas colaboram como uma equipe, as novas idéias se multiplicam e produzem resultados incríveis. As equipes têm aumentado no local de trabalho em proporção direta às necessidades de maior flexibilidade, tomada de decisão e inovação mais rápida do negócio. As equipes são parte de uma tendência para maior colaboração no local de trabalho. Essa tendência é uma resposta à crescente complexidade e dinamismo das demandas de trabalho e há mais de duas décadas vem continuando a proporcionar resultados positivos.

O melhor método para superar obstáculos
é o método de equipe.
COLIN L. POWELL

QUESTÕES A CONSIDERAR

Equipes bem-sucedidas

Pense numa equipe da qual fez parte um dia e que considerou extremamente bem-sucedida e altamente compensadora. Quais eram as características dessa equipe? O que a tornava bem-sucedida?

Equipes em Progresso Contínuo *versus* grupos de trabalho

Infelizmente, poucos de nós fomos ensinados a usar os comportamentos de equipe como uma maneira de realizar as coisas enquanto crescíamos. Tanto nossas escolas quanto nossos locais de trabalho têm enfatizado a realização individual, criando um sistema em que poucas pessoas apreciam a necessidade de colaboração e de uma equipe de trabalho real.

A estrutura de trabalho tradicional opera através da tomada de decisão central, com as informações e diretrizes fluindo de cima para baixo através dos vários níveis de gerência. Nesse tipo de sistema, os grupos de trabalho seguem as decisões e as orientações proporcionadas pelos gerentes e raramente exercem o pensamento discricionário.

No novo sistema de trabalho, as Equipes em Progresso Contínuo realizam tarefas similares às dos grupos de trabalho, mas exercem maior autoridade discricionária ao tomar decisões sobre o modo de operar da equipe e sobre a maneira como o trabalho é realizado. Essas equipes tornam-se parceiras da gerência na criação de processos de trabalho extremamente eficientes que conseguem ótimos resultados.

Pode parecer um jogo de palavras, mas há diferenças fundamentais entre um grupo de trabalho e uma Equipe em Progresso Contínuo. Exploremos um pouco mais essas diferenças.

O grupo de trabalho

O grupo de trabalho foi designado para realizar um serviço através de um supervisor. O supervisor determina uma tarefa para cada pessoa do grupo. E esta é responsável pela execução bem-sucedida dessa tarefa.

Em um sistema de grupo de trabalho, o centro da atividade é o supervisor, que estabelece objetivos, planeja o trabalho, controla o fluxo, determina os participantes, avalia o desempenho individual e do grupo, toma decisões, resolve conflitos e conduz reuniões. Na melhor das hipóteses, os trabalhadores fazem apenas o que lhes é ordenado pelo supervisor, limitando assim a utilização do conhecimento, da experiência e da motivação. Os resultados que se seguem também tendem a ser limitados.

O envolvimento do empregado e o desejo de maior eficiência

Durante o movimento pela qualidade da década de 1980, os gerentes descobriram que envolver os empregados da linha de frente na resolução dos problemas gerava um espectro mais amplo de soluções. Uma necessidade aumentada de inovação exigia que mais capacidade de raciocínio fosse concentrada nos problemas da organização. A resolução de problemas em grupo desenvolveu-se como uma resposta a essa necessidade.

À medida que as habilidades de resolução de problemas em grupo foram sendo usadas de modo cada vez mais abrangente, ficou claro que os empregados da linha de frente eram capazes de deter maior autoridade e responsabilidade. Os grupos de trabalho foram se desenvolvendo para unidades auto-reguladas, assumindo mais controle do seu trabalho diário e mais responsabilidade pelos resultados. Quando as equipes eram totalmente autodirigidas, planejavam e programavam seu próprio trabalho, davam atribuições dentro da equipe, aplicavam melhorias em seus processos de trabalho, estabeleciam metas e objetivos, realizavam controle de qualidade, tomavam decisões com relação ao pessoal, estabeleciam padrões de trabalho, avaliavam o desempenho dos membros da equipe etc.

Para ter sucesso, as pessoas nesse novo tipo de grupo de trabalho tinham de confiar mais nas habilidades e competências umas das outras, comunicar-se mais abertamente e desenvolver maior senso de interdependência. Na década de 1990, quando as organizações começaram a reduzir os níveis de gerência para criar maior eficiência, fazer melhor uso da tecnologia e responder aos desafios globais, criou-se uma necessidade ainda maior de equipes altamente eficientes.

A Equipe em Progresso Contínuo

No ambiente empresarial global acelerado e extremamente complexo de hoje, a equipe de trabalho precisa voltar a evoluir para se tornar uma Equipe em Progresso Contínuo extremamente eficiente. A necessidade atual é estabelecer uma verdadeira parceria entre a equipe e a organização, construída em torno de um compartilhamento de informações extensivo e de limites amplos de autoridade que permitam maior liberdade para as equipes agirem. Em uma Equipe em Progresso Contínuo, os membros assumem a responsabilidade pelo desenvolvimento e melhora contínua de seus processos de trabalho. Os membros da equipe entendem que a organização tem sucesso ou fracassa dependendo da eficácia com que eles e seus líderes realizam o trabalho. As Equipes em Progresso Contínuo operam como partes integrantes da organização, fazendo pleno uso do conhecimento, da experiência e da motivação dos seus membros para impactar de modo intenso e efetivo os resultados da equipe e da organização.

IMPLEMENTAR UMA EQUIPE EM PROGRESSO CONTÍNUO TEM SEUS DESAFIOS

Novas equipes – e às vezes até mesmo equipes já há tempos constituídas – tendem a enfrentar problemas enquanto se desenvolvem. Questões relacionadas ao modo como o trabalho é realizado e a como os membros da equipe se relacionam vêm rapidamente à tona.

Um artigo da revista *Business Week** discutiu os passos que estavam sendo tomados pelo Distrito Escolar Unificado de Los Angeles para rever seu processo de ensino e introduzir conceitos de equipe. Neste artigo, foi feito um comentário que nos dá uma pista de como lidar com o trabalho em equipe.

O superintendente assistente do distrito declarou: "No mundo dos negócios, compartilhar a responsabilidade por um projeto é chamado de trabalho em equipe. Nas salas de aula, da maneira como ensinamos hoje, isso é chamado de "colar".

* Larry Armstrong & Geoff Smith, "Productivity Assured – or We'll Fix Them Free", *Business Week*, 25 de novembro de 1991.

A maior parte das pessoas foi criada em um sistema escolar que recompensava a realização individual. Quando entraram no local de trabalho, o comportamento aprendido foi reforçado por um sistema similar de recompensas individuais, como promoções, engrandecimento dos méritos e obtenção de cargos. Pouca ênfase era dada à colaboração e ao trabalho em equipe.

Esse sistema conduziu a comportamentos concentrados no "eu" e nas realizações pessoais. Quando os conceitos de equipe foram introduzidos no mundo empresarial, foram requeridos comportamentos e habilidades diferentes. Essa mudança trouxe consigo dificuldades e desconforto.

Imagine um cantor que tenha cantado sozinho durante toda a sua carreira e de repente é solicitado a participar de um quarteto. Ele precisa agora aprender novas técnicas, harmonizar-se com os outros, respeitar suas necessidades e se comunicar extensivamente. É necessário um conjunto diferente de habilidades que pode de início gerar sentimentos de inadequação, insegurança e, às vezes, incompetência. O desconforto que acompanha tudo isso é real.

Nas situações cooperativas, as outras pessoas dependem de você para ter sucesso. Nas situações competitivas, os outros esperam que você fracasse.

CARLES DYGERT

FAZENDO UM USO EFETIVO DAS NOSSAS DIFERENÇAS

A força de qualquer equipe está nos diversos talentos, habilidades, valores e personalidades de seus membros. Mas as mesmas qualidades que criam suas potencialidades também desencadeiam seus problemas.

Por exemplo, os traços de personalidade que permitem que uma pessoa apresente idéias inovadoras e outra pessoa transforme essas idéias em realidade prática (ambas características importantes para a equipe) são freqüentemente os mesmos que provocam muitos desacordos e conflitos entre essas mesmas pessoas. A pessoa detalhista e prática pode freqüentemente se irritar diante dos vôos de imaginação da pessoa criativa. E a pessoa criativa pode se sentir bloqueada pela necessidade de detalhes e análise da pessoa prática.

Como não fomos criados com um entendimento da colaboração, nossas emoções em geral vão nos impedir de enxergar os benefícios das nossas diferenças, e essa pode ser uma fonte importante e contínua de problemas para a equipe.

QUESTÕES A CONSIDERAR

Desafios da equipe

Em sua experiência com equipes, que desafios o têm impedido de dar o melhor de si? Quais são os desafios atuais que impedem sua equipe de trabalho de se tornar uma Equipe em Progresso Contínuo? Vocês estão fazendo um uso efetivo das diferenças dos membros da equipe?

A maneira mais rápida de acender um fogo é defrontar duas opiniões opostas.
AUTOR DESCONHECIDO

Base da equipe: as quatro perguntas que uma Equipe em Progresso Contínuo precisa responder

Há quase cem anos a pesquisa sobre as equipes tem mostrado que há quatro elementos fundamentais nos grupos extremamente bem-sucedidos. Para desenvolver adequadamente sua Equipe em Progresso Contínuo e mantê-la no caminho certo, você precisa formular e responder quatro perguntas:

1. Temos um propósito ou missão comum?
2. Temos processos operacionais estabelecidos em comum acordo?
3. Temos princípios de operação compartilhados?
4. Entendemos e apreciamos nossos diferentes papéis?

Vamos examiná-las mais detalhadamente:

Missão da equipe

A maioria das equipes que fracassam deve isso ao fato de seus membros não terem clareza sobre sua missão. A missão é o que a equipe faz, o propósito da sua existência. Equipes novas ou com problemas devem definir claramente o que fazem para a satisfação de cada membro. Quanto mais claramente essa missão for definida, mais capazes serão os membros da equipe de agir apropriadamente para cumpri-la.

É em geral aceito que a razão de a Nasa ser tão eficiente na construção de uma agência espacial de excelência durante a década de 1960 é porque sua missão era clara como cristal para cada um dos milhares de pessoas envolvidas. A missão, articulada pelo presidente Kennedy, era "colocar um homem na lua até o final da década".

Processos operacionais

Um processo operacional dá à equipe uma estrutura de como ela deve operar ao realizar sua tarefa ou tarefas. Diz à equipe como as decisões serão tomadas quando se relacionam a questões importantes. Na verdade, a equipe pode ter muitos processos operacionais para realizar várias tarefas. Para ser eficaz, uma equipe deve ter processos operacionais claros e estabelecidos em comum acordo. Exemplos de processos operacionais de equipe incluem:

- os passos envolvidos na manufatora de um produto;
- os passos envolvidos no manejo da queixa de um cliente;
- o processo de resolução de um conflito entre seus membros;
- o processo para a marcação de férias.

Princípios operacionais

Os princípios operacionais determinam como os membros da equipe vão trabalhar juntos, particularmente como vão tratar um ao outro. As equipes muitas vezes lutam com a maneira de as "pessoas" dirigirem uma equipe devido a uma falta de visão comum de como elas querem trabalhar juntas. Os princípios operacionais são diretrizes que ajudam os membros da equipe a pôr em ação os valores que compartilham em termos de como eles trabalham juntos. Por exemplo, um código de conduta de uma equipe diz o seguinte:

- os membros da equipe devem se tratar com dignidade e respeito em todos os momentos;
- os membros da equipe devem compartilhar igual responsabilidade pelo resultado das realizações da equipe;
- os membros da equipe devem se respeitar chegando no horário nas reuniões, evitando linguagem aviltante e reconhecendo a diversidade de opiniões;
- os membros da equipe devem se divertir o máximo possível.

Papéis dos membros da equipe

Os membros da equipe têm a desempenhar tanto papéis *formais* quanto *informais*. Os formais são em geral definidos pelas responsabilidades de trabalho, como eletricista, encanador, aprendiz, escriturário, contador, planejador, coordenador, líder de equipe e assim por diante. Os papéis informais são definidos pelas habilidades e talentos naturais que cada membro traz para o processo da equipe. Por exemplo, alguns integrantes de equipe têm capacidade natural para mediar conflitos. Alguns são bons condutores de reuniões. Alguns têm boas habilidades para detalhes, enquanto outros são melhores para gerar idéias. Alguns membros têm uma qualidade natural de energização que dá vida à equipe, enquanto outros são mais serenos e práticos, proporcionando a "cola" necessária para manter a equipe junta, técnica e administrativamente.

Essas habilidades devem ser discutidas para identificar os talentos naturais das pessoas e como eles podem ser mais bem utilizados. A equipe deve também tentar identificar as habilidades que estão faltando e suas implicações.

QUESTÕES A CONSIDERAR

Elementos básicos da equipe

Pense em como os elementos básicos citados se aplicam à sua equipe. Ela cumpre esses quatro requisitos básicos? Freqüentemente as equipes entram em conflito porque a falta de um ou mais desses elementos prejudica o seu funcionamento. Como está a sua equipe hoje?

Trabalho em equipe: uma habilidade requerida nos negócios

A capacidade para operar com sucesso em um ambiente de equipe está rapidamente se movendo para a linha de frente das habilidades requeridas nos negócios. A implementação das equipes no local de trabalho tem aumentado e continua a aumentar, não apenas devido a algumas iniciativas de relações humanas, mas também às realidades de se obter sucesso em um ambiente de negócios cada vez mais competitivo e complexo.

As pessoas que trabalham juntas em forças-tarefas, equipes de resolução de problemas, de desenvolvimento de produto e comitês contribuem com uma sabedoria coletiva que multiplica significativamente a capacidade de inovar. Acrescente a isso o compromisso que se desenvolve como resultado de uma sensação de envolvimento compartilhado e você vai começar a entender o enorme potencial de colaboração e trabalho em equipe.

O trabalho em equipe é a capacidade para trabalhar junto para uma visão comum, para direcionar a realização individual rumo aos objetivos organizacionais. É o combustível que permite que as pessoas comuns cheguem a resultados incomuns.

AUTOR DESCONHECIDO

ETAPA 2

Acelere a Mudança

CINCO

Compartilhe Mais Informações para Melhorar a Confiança

Você agora completou a etapa 1 para transformar sua equipe em uma Equipe em Progresso Contínuo. Começou a usar as informações para criar responsabilidade, esclarecer limites para criar ação concentrada e agir como uma equipe para promover o envolvimento compartilhado.

Em qualquer processo de mudança, a frustração é inevitável. É nesse ponto que as pessoas às vezes se sentem como se estivessem desistindo da mudança. Mas aprendemos que é nesse exato ponto que a energia da frustração pode ser reconcentrada e usada para acelerar a mudança para as Equipes em Progresso Contínuo.

A FRUSTRAÇÃO É TÍPICA, MAS É UMA FONTE PODEROSA DE ENERGIA

Freqüentemente ouvimos as pessoas expressarem frustração com relação à demora de uma mudança. Uma vez estabelecido um compromisso de ir adiante na criação de uma Equipe em Progresso Contínuo, todos querem chegar lá depressa. Queremos acelerar a mudança e atingir o objetivo.

O problema é que mudar da visão tradicional do gerente como a pessoa que toma decisões e dos membros da equipe como aqueles que obedecem às ordens do gerente para as Equipes em Progresso Contínuo significa usar habilidades diferentes. Ao longo do caminho você também está aprendendo uma nova maneira de encarar a responsabilidade, a tomada de decisão e o trabalho em equipe. Os sentimentos de frustração e desencorajamento são característicos durante um processo de mudança tão radical. A excitação que as pessoas sentem quando começam a aprender as habilidades do Progresso Contínuo é quase sempre substituída por perguntas: Quanto tempo isso vai levar? Podemos mesmo fazer isso? Será que essas mudanças realmente vão funcionar? Este é o momento de explorar as maneiras de usar a energia da frustração para acelerar a transição para as Equipes em Progresso Contínuo.

EXEMPLO

Lidando com a frustração

Uma de nossas experiências como consultores exibiu muito claramente esse ponto. Depois de trabalharmos com uma companhia durante cerca de seis meses, observamos muitos sinais de desencorajamento, tanto por parte dos líderes quanto dos membros da equipe. Ouvia-se as pessoas dizerem: "Essa história de trabalho em equipe nunca vai funcionar. Nossos líderes na verdade não querem que tomemos nossas próprias iniciativas."

Ao mesmo tempo, ouvia-se dos líderes: "Quando nosso pessoal vai começar a agir? Eles sabem que queremos que tomem a iniciativa. O que os está segurando?". Era claro que estava havendo problemas na mudança para as Equipes em Progresso Contínuo; ela estava se tornando rapidamente outro esforço de gerenciamento da "idéia da moda".

Nosso próximo passo era explicar que essa frustração e esse desencorajamento não eram incomuns – na verdade, deviam ser esperados em um esforço de mudança. Sempre que se está aprendendo novas habilidades, vai se experimentar algum desencorajamento. Também explicamos como pessoas de outras companhias passaram exatamente pelos mesmos problemas. Também lhes dissemos que as pessoas superaram essa etapa da mudança.

A reação foi surpreendente. Os líderes e os membros da equipe começaram a falar abertamente sobre sua frustração e desencorajamento e sobre como poderiam lidar com seus problemas. Alguns disseram: "Se outras companhias conseguiram lidar com esses problemas, nós também podemos. Na verdade, podemos lidar até melhor do que elas". O resultado foi uma energia renovada para a mudança e uma aceleração do processo.

Cinco razões para a frustração

Ao incorporar os conceitos da Equipe em Progresso Contínuo, as frustrações podem vir à tona por várias razões previsíveis:

1. *As expectativas iniciais não estão de acordo com a realidade.* Quase todos, desde o gerente sênior até os membros da equipe, tendem a subestimar o que está envolvido em realizar a mudança para Equipes em Progresso Contínuo.

2. *As pessoas estão preocupadas que o processo fracasse.* Algumas abrigam uma preocupação de que todo o processo esteja desde o início condenado ao fracasso. O primeiro sinal de alguns problemas confirma essa crença, conduzindo à desilusão sobre se a mudança é possível em sua organização.

3. *A orientação e o entendimento são inadequados.* Os membros da equipe ponderam se terão liberdade para usar seus talentos e julgamento, enquanto os líderes avaliam se os membros da equipe assumirão a responsabilidade pelos resultados.

4. *As pessoas temem o fracasso pessoal.* Tanto os membros da equipe quanto os líderes temem parecer incompetentes em uma cultura modificada. Esses medos em geral permanecerão não expressados, mas tendem a se manifestar como inação e indecisão.

5. *É deficiente o treinamento para lidar com as questões de desenvolvimento da equipe.* Sem a preparação adequada, a maioria das equipes estará despreparada para os estágios normais do seu desenvolvimento, o que sempre incluem alguns impactos no meio do caminho. Esses problemas típicos, porém inesperados, podem resultar em rupturas e desilusão com relação à idéia geral da equipe.

Questões a considerar

As frustrações que você pode sentir

A mudança traz consigo um desconforto inerente e desafios. Você pode estar sentindo algumas dessas frustrações enquanto sua equipe se transforma em uma Equipe em Progresso Contínuo. Use a lista apresentada das cinco razões para a frustração para estimular seu pensamento. O que o está fazendo hesitar em relação à mudança para Equipes em Progresso Contínuo? Que frustrações está sentindo agora?

Enfoque nos benefícios para os membros da equipe

Durante períodos difíceis no processo de mudança, ajuda se os membros da equipe se concentrarem nos benefícios que vão obter trabalhando em uma Equipe em Progresso Contínuo. Muito freqüentemente, as organizações e os líderes de equipe se concentram demais nas maneiras em que a organização vai se beneficiar, embora isso seja o que mais importa para os membros da equipe. É claro que a realidade é que eles querem saber como serão beneficiados pessoalmente. Muitos benefícios resultarão do compartilhamento de quantidades cada vez maiores de informações, e os membros da equipe que se sentem frustrados precisam ser lembrados desses benefícios.

Por exemplo, os membros da equipe com mais informações se beneficiam tendo mais controle sobre o seu trabalho. Além disso, ter acesso a mais informações assegura a eles serem pessoas valorizadas pela organização. Possuir mais informações também ajuda os membros da equipe a ter uma sensação de orgulho e de domínio diferente de qualquer coisa que tenham experimentado em um ambiente de grupo de trabalho tradicional.

Os líderes da equipe também se beneficiam de um maior compartilhamento de informações. Os líderes se beneficiam de ter membros da equipe que compartilhem a responsabilidade pelos resultados e pelos objetivos alcançados, de ter a oportunidade de concentrar suas energias em trabalhos com valor adicional. Esses benefícios importantes finalmente conduzirão a um melhor desempenho e a uma maior satisfação da equipe no trabalho.

O compartilhamento das informações e a atenção aos benefícios que daí resultarão voltam a concentrar as pessoas nos resultados positivos de se tornarem uma Equipe em Progresso Contínuo. Além disso, esse compartilhamento de informações melhora a confiança necessária para ir em frente.

Questões a considerar

Os benefícios que você já vê

Quando você pensa no movimento da sua equipe para o Progresso Contínuo, que benefícios já pode ver acontecendo (pelo menos um alguns)? Que benefícios estão sendo bons para você, sua equipe, o líder da sua equipe e a organização?

Compartilhando informações mais sigilosas

Concentrando-se nos benefícios da mudança para as Equipes em Progresso Contínuo, a frustração que as pessoas podem estar sentindo pode ser direcionada como uma força para a mudança. Compartilhando informações mais sigilosas sobre a organização, os líderes podem construir confiança e responsabilidade. Por exemplo, os líderes podem mostrar que confiam na equipe compartilhando informações sobre questões fundamentais que a organização enfrenta, incluindo informações sobre a perda de renda, questões de qualidade ou queixas dos clientes.

Proporcionar informações aos membros da equipe sobre esses tipos de problemas diz-lhes que são colegas confiáveis. Na verdade, que são vistos como parte da solução, e não como parte do problema. Compartilhar todos os fatos é uma maneira poderosa de melhorar o entendimento e criar sentimentos de confiança, que são então substituídos por sentimentos de frustração com relação à mudança.

Os líderes devem também compartilhar informações sobre erros que foram cometidos, tomando o cuidado de não culpá-los. Isso vai fazer com que os membros da equipe sintam um maior desejo de contribuir com idéias e assumir responsabilidades. Quando se atribui mais responsabilidade às pessoas, é natural que o medo de fracassar aumente porque os erros são mais prováveis. Em uma Equipe em Progresso Contínuo, todos precisam sentir que é seguro cometer erros e aprender com eles. As pessoas naturalmente sentem um desejo de experimentar novas idéias que possam melhorar o desempenho da equipe, mas os líderes devem estar dispostos a compensar os riscos assumidos em vez de punir os erros que ocorrem como resultado da experimentação de novas idéias.

✪ Exemplo

Transformando os erros em oportunidades

Uma companhia chegou ao ponto de colocar sinos em cada escritório. Quando um erro era cometido, alguém tocava um sino para anunciá-lo e, ao mesmo tempo, marcar a busca da aprendizagem a partir do erro.

Os líderes tentaram criar uma atmosfera onde os erros eram celebrados porque significavam que as pessoas estavam assumindo os riscos da responsabilidade e da inovação e estavam aproveitando as oportunidades para aprender.

Descobriram que as pessoas cometiam mais erros do que no passado, mas também geravam mais idéias inovadoras, o que resultava em um melhor desempenho das unidades de trabalho. Os erros tornaram-se meios eficazes para aprender como melhorar o desempenho da equipe.

Solicitando informações dos membros da equipe

Quando começamos a mudar para uma cultura que compartilha e usa mais eficientemente as informações e respeita a aprendizagem que ocorre a partir dos erros, os membros da equipe também se tornam conscientes das informações que podem compartilhar. Os líderes de equipe podem usar essas informações como fonte de idéias e de energia, encorajando o diálogo aberto sobre questões importantes. É claro que essa abertura significa que todos (inclusive os líderes) devem estar prontos para enfrentar as questões. Esse é o momento de estimular a franqueza real, em vez de tentar decidir o que as pessoas devem ou não ouvir. Num ambiente desse tipo, os líderes podem ocasionalmente se encontrar em situações delicadas, pois questões difíceis poderão ser levantadas pelos membros da equipe e terão de ser tratadas pelo líder. Mas isso também proporciona a oportunidade de se fazerem grandes progressos na construção da confiança e da responsabilidade.

Exemplo

Ouvindo o feedback *da equipe*

Uma das reuniões mais interessantes que observamos foi aquela em que uma equipe de liderança em uma companhia de computadores sentou-se diante de um grupo de membros da equipe para responder às suas perguntas sobre a empresa. Esses membros da equipe estavam bem informados sobre os resultados da empresa e queriam saber por que os resultados de desempenho da fábrica estavam declinando.

Fizeram algumas perguntas bastante pertinentes sobre recursos, decisões estratégicas e de contenção de gastos tomadas pela administração. Ficou claro que achavam que essas decisões não foram bem ponderadas.

Entretanto, o aspecto mais impressionante foi a reação dos líderes a esses "ataques". Todos permaneceram muito calmos e responderam às preocupações da equipe, reconhecendo inclusive que algumas das decisões não haviam sido as melhores.

Convidaram os empregados a oferecer sugestões e a trabalhar com eles para desenvolver maneiras melhores de combater as pressões competitivas do mercado. O que se seguiu, durante muito tempo após a reunião, foi uma energia que ajudou a empresa a lidar efetivamente com muitos de seus problemas de uma maneira que levou os empregados e a administração a trabalharem juntos como membros de uma equipe.

◎ Questões a considerar

Acelerando a mudança com o compartilhamento de mais informações

O compartilhamento crescente de informações ajuda a construir maior confiança, especialmente se informações mais sigilosas forem compartilhadas. A comunicação de duas vias ajuda as pessoas a se sentirem mais valorizadas e críticas com relação à equipe e ao sucesso da organização. Que tipos de informações adicionais podem ajudar sua equipe a ser mais produtiva? Como sua equipe pode fazer bom uso de erros para aprender como melhorar os resultados? Que informações úteis sua equipe pode começar a compartilhar com o líder da equipe?

Usando as medições como informações para acelerar a mudança

Sempre que fazemos algo, ocorre um resultado. Se batemos um taco numa bola, podemos ver o resultado imediatamente

– um ponto ganho ou perdido. Também vemos a eficácia da batida – a bola pode ir longe ou não. Essa resposta imediata nos proporciona a possibilidade de fazer ajustes rápidos e nos tornarmos proficientes na tarefa.

Mas e se não pudéssemos ver os resultados dos nossos esforços? Se estivéssemos com os olhos vendados e simplesmente nos fosse dito quando bater na bola? E, quando errássemos a bola, o treinador gritasse conosco para nos esforçarmos mais? Finalmente, a ausência de progressos provocaria frustração, desilusão e raiva.

A mesma coisa acontece quando as pessoas realizam tarefas no trabalho, mas não conseguem enxergar os resultados. Isso é especialmente crítico durante épocas de mudança. Quando sua equipe está assumindo novos papéis e adquirindo novas habilidades e conhecimentos, é importante que veja seus resultados rapidamente. As informações relacionadas às medidas de desempenho podem ser realmente eficazes nesse ponto do processo de mudança. Observemos dois exemplos.

Compartilhar quantidades cada vez maiores de informações é importante durante épocas de frustração. Isso proporciona às pessoas uma percepção do progresso que estão realizando e melhora a sensação de confiança.

✪ Exemplos

A equipe administrativa e a nova copiadora

A equipe administrativa de uma empresa de utilidade pública de Nova Jersey analisou um de seus processos de trabalho e encontrou ineficiências reais. Colocado em palavras simples, a equipe determinou que a falta de máquinas copiadoras no local estava provocando importantes atrasos de tempo para cada membro da equipe e para outras pessoas que usavam a máquina. A única copiadora do andar ficava longe de onde estavam e o tempo de espera para seu uso era excessivo.

A equipe preparou um relatório para solicitar a aquisição de uma nova copiadora, que fosse colocada mais próxima deles. No entanto, alguns membros estavam angustiados com relação à recomendação porque a nova máquina custaria 25 mil dólares à empresa e poderia parecer à gerência que eles estivessem apenas se queixando sem uma causa real.

Um dos membros sugeriu avaliar o efeito total da situação atual, analisando o tempo que andavam até a velha máquina e o tempo de espera para utilizá-la. Anteriormente, os membros da equipe nunca haviam feito essa análise, e portanto anexar os custos às suas ações era um território novo para eles.

Sua análise mostrou que a perda anual na produtividade dos membros da equipe era três vezes o custo da nova máquina, ou um lucro sobre o investimento de três para um. Isso imediatamente animou os membros da equipe, pois conseguiriam fazer uma mudança que melhoraria suas vidas profissionais e seu desempenho e também constituiria uma decisão custo-efetiva para a empresa. Seu relatório foi tão bem preparado que a administração aprovou imediatamente a aquisição da nova máquina.

Avaliações do desempenho efetivo

Uma empresa de utilidade pública da Flórida percebeu a necessidade de mudar seu processo de avaliação do desempenho para tornã-lo mais consistente com uma cultura de parceria entre os líderes e os membros das equipes. Durante o treinamento inicial sobre o novo processo foram coletados dados que mediam as percepções da eficácia dos objetivos estabelecidos, do treinamento dos empregados e da avaliação do desempenho.

Após cerca de um ano, quando as pessoas perceberam algum desencorajamento de que as mudanças não tinham sido tão importantes, foram novamente coletados dados sobre as mesmas três medições. Os resultados mostraram uma melhora significativa no estabelecimento de objetivos e avaliação do desempenho. Os dados também identificaram a necessidade de mais enfoque na etapa do treinamento durante o processo.

A liderança da companhia aproveitou a oportunidade para celebrar o processo que havia sido feito em uma exibição significativa de elogio e reconhecimento públicos. Todos se sentiram bem em saber que estavam sendo feito progressos e foram estimulados a continuar trabalhando juntos para melhorar a parceria de treinamento. Nas sessões subseqüentes, os membros da equipe e seus líderes deram novas idéias para melhorar e solidificar um sistema mais efetivo de gerenciamento do desempenho.

Estas duas histórias ilustram o poder do uso de medições para acelerar a mudança. A primeira história mostra o poder de as pessoas terem fatos demonstrados sobre os problemas. Munida de informações válidas, a equipe foi motivada a estudar e preparar uma proposta que lidasse com o problema de uma maneira responsável. Um problema fundamental foi resolvido, e os membros da equipe sentiram-se ótimos com respeito à sua contribuição. A segunda história demonstra como as avaliações podem ser usadas para ajudar todos a perceber o progresso rumo a um objetivo. Esta história também ilustra como o elogio pelo progresso pode estar ligado às avaliações e manter as pessoas estimuladas para a mudança. Em suma, as avaliações ajudam as pessoas a usar suas competências para impactar os resultados e enxergar os benefícios contínuos de seus esforços e também proporcionam oportunidades para se elogiar o progresso. E o resultado é a mudança acelerada através da redução da frustração.

QUESTÕES A CONSIDERAR

Fazendo melhor uso das avaliações

Pense em como as avaliações podem ajudar nas idéias e na motivação da sua equipe. Como as avaliações podem ser mais bem usadas para avaliar o progresso rumo aos objetivos? Como elas poderiam proporcionar mais oportunidades para elogiar o progresso da equipe e de seus membros? Que avaliações poderiam ser usadas mais efetivamente com sua equipe? Novas avaliações do desempenho poderiam motivar sua equipe?

O COMPARTILHAMENTO DAS INFORMAÇÕES MOVE A EQUIPE DA FRUSTRAÇÃO PARA A MUDANÇA

Quando passam para a etapa 2 da mudança para Equipes em Progresso Contínuo, os líderes precisam compartilhar não apenas mais informações, mas também mais informações sigilosas. Por quê? Porque esse compartilhamento de informações ajuda a reduzir a frustração que vem com a mudança, demonstrando um alto nível de confiança entre a gerência e a força de trabalho. Envia uma mensagem poderosa de que todos estão trabalhando juntos rumo ao mesmo objetivo.

Como já comentamos, o compartilhamento das informações não é simplesmente um processo "de cima para baixo". Os membros da equipe da linha de frente precisam entender que a informação que possuem sobre as atividades da empresa são fundamentais para os gerentes e vão auxiliá-los a tomar boas decisões sobre os processos de trabalho e até sobre o futuro da organização. Por isso, o compartilhamento das informações "de baixo para cima" é também fundamental. Até as más notícias são boas quando compartilhadas, porque iniciam um diálogo que pode conduzir à resolução de problemas e ao aumento da confiança entre os líderes e os membros da equipe.

Algum dia, na folha de balanço corporativa, haverá um item onde se lerá, "Informações", pois na maioria dos casos as informações são mais valiosas do que a ferramenta que as processa.

GRACE MURRAY HOPPER

SEIS

Amplie os Limites para Promover Maior Liberdade de Ação

Quando a equipe vai em frente e encontra frustração, é fácil para os membros e líderes perderem a visão de uma Equipe em Progresso Contínuo e de como ela contribui para a obtenção de ótimos resultados. Eles tendem a ver apenas os problemas de assumir mais responsabilidade e se esquecem das recompensas do envolvimento e da participação. Nesse ponto, as equipes precisam ser lembradas do que fazem as Equipes em Progresso Contínuo e ser inspiradas por seus benefícios. É o momento de rever os objetivos da equipe. Os objetivos organizacionais – até mesmo os objetivos do departamento – podem ser amplos demais para o uso prático da maioria das equipes e de seus membros. Esses objetivos amplos devem ser convertidos em imagens mais diretamente relacionadas com o trabalho da equipe.

Objetivos de equipe bem definidos ajudam a determinar limites e reenergizar a equipe, especialmente se eles forem desenvolvidos de maneira colaborativa. Com mais informações, os membros da equipe podem enxergar a necessidade de objetivos que produzam resultados importantes, resolvam problemas, criem inovações ou coloquem os projetos em andamento. Estando envolvidas em um processo colaborativo de estabelecer objetivos claros para a equipe, as pessoas começam a experimentar uma sensação real de liberdade e responsabilidade, que se traduz em participação real na realização das tarefas de maneira eficiente.

Exemplo

Estabelecendo objetivos para a equipe

Uma companhia de serviços de informação deu um amplo passo nessa etapa do processo. A liderança sênior assumiu a posição de que os empregados com maiores informações à sua disposição poderiam agora identificar e definir alguns de seus próprios objetivos em colaboração com seus líderes. Dos cinco a oito objetivos de desempenho que eram típicos para as equipes, os líderes instruíram os membros a tentar, eles próprios, desenvolver três ou quatro desses objetivos.

De início, os membros ficaram confusos, mas rapidamente passaram a gostar da idéia, pois ela usava suas contribuições e lhes dava uma sensação de participação efetiva e poder para afetar os resultados. Os líderes da equipe também gostaram da idéia, pois ela ajudava os membros da equipe a compartilhar a responsabilidade de identificar e definir os objetivos que eram fundamentais para o desempenho da companhia. O que se seguiu foi uma discussão colaborativa entre os membros da equipe, em que os objetivos da mesma foram refinados para o que eles chamaram de "objetivos do PODER", ou seja, objetivos Identificados, Reconhecidos, Bem Definidos, Estimulantes e Valiosos.

A importância dos objetivos da equipe

Todo bom desempenho tem início com objetivos claros.

Como este exemplo sugere, os objetivos da equipe são importantes porque envolvem seus membros e seus líderes de equipe em um diálogo que não só estabelece os objetivos, mas também ajuda a construir a equipe como uma unidade. A maioria das pessoas tem muito mais experiência com os objetivos individuais do que com os objetivos da equipe, pois o trabalho tende a ser construído em torno da responsabilidade individual. Pedindo aos membros da equipe para se concentrarem no desempenho da sua equipe e determinarem onde devem ser estabelecidos os objetivos de melhora do desempenho, os líderes da equipe conseguem um *insight* valioso a partir de muitas visões diferentes, em vez apenas da sua própria. Nessa etapa do processo de mudança, é adequado pedir às equipes para pensar nas maneiras em que podem melhor contribuir para trabalhar de maneira mais eficiente e efetiva. Agora que elas têm acesso a informações organizacionais fundamentais, podem ser estabelecidos objetivos mais claros.

Quando uma equipe estabelece objetivos, é fundamental criar metas que sejam realmente úteis, significativas e motivadoras. Para funcionarem bem para uma equipe, os objetivos precisam ser de PODER – ou seja, proporcionar respostas para cinco perguntas fundamentais:

Identificados:	"O que exatamente estamos tentando realizar?".
Reconhecidos:	"O que há nele para nós, e podemos assumir essa responsabilidade?".
Bem Definidos:	"Como podemos avaliar e medir nosso progresso?".
Estimulantes:	"Esse objetivo é realista, embora desafiador?".
Valiosos:	"Temos clareza sobre os recursos a nós disponíveis para a realização dessa tarefa?".*

Questões a considerar

Estabelecendo objetivos para a equipe

Pense sobre sua equipe e os tipos de tarefas pelas quais você é responsável. Agora pense nas informações que sua equipe tem à mão que poderiam ajudá-lo a se concentrar em alguns desafios e oportunidades para a equipe. Quais são algumas novas áreas de enfoque para as quais sua equipe poderia começar a estabelecer objetivos de PODER e assumir a responsabilidade de atingi-los?

* W. Alan Randolph & Barry Z. Posner. *Checkered Flag Projects: 10 Rules for Creating and Managing Projects That Win!* (Upper Saddle River, NJ: Prentice Hall PTR, 2002), 12-15.

AMPLIANDO OS LIMITES E ESTABELECENDO OBJETIVOS DE DESENVOLVIMENTO PESSOAL

Além de estabelecer objetivos de desempenho, as equipes podem também se concentrar no desenvolvimento de habilidades e em objetivos para melhorar a carreira. As Equipes em Progresso Contínuo alimentam o desenvolvimento de novas habilidades e competências para que a equipe possa lidar com objetivos críticos e tomar decisões que gerem ótimos resultados. Ao mesmo tempo, as Equipes em Progresso Contínuo oferecem às pessoas oportunidades excitantes para o crescimento e o desenvolvimento pessoal que podem causar um impacto positivo em suas carreiras.

Por exemplo, as pessoas que aspiram a posições de maior responsabilidade podem precisar desenvolver habilidades de liderança, de apresentação, de manejo de conflito ou habilidades de tomada de decisão. Nas Equipes em Progresso Contínuo, as pessoas podem encontrar oportunidades para usar e dominar esses tipos de habilidades. Em uma Equipe em Progresso Contínuo, é importante determinar que habilidades você precisa desenvolver, não apenas para colaborar com o desempenho da equipe, mas também para ajudá-lo a obter sucesso na sua carreira.

EXEMPLO

Os valores como objetivos

Um caso interessante que evidencia o estabelecimento de objetivos ocorreu com uma companhia cujos líderes queriam que as pessoas concentrassem sua atenção não apenas nos objetivos de desempenho, mas também nos relacionados aos valores. Entendendo que os objetivos são estabelecidos, mas os valores vivenciados, os líderes queriam assegurar que as pessoas mantivessem os valores em mente enquanto trabalhassem juntas rumo a objetivos significativos. Por exemplo, se um valor for "melhores relacionamentos entre os departamentos", as pessoas podem estabelecer um objetivo em torno da pergunta: "O que vou fazer este ano para melhorar os relacionamentos entre meu departamento e os outros?". Ou se um valor for as pessoas "aumentarem suas habilidades e competências", o objetivo poderia ser: "Que nova habilidade vou aprender este ano e como vou demonstrar essa nova habilidade?".

Os líderes descobriram que se concentrar nesses objetivos proporciona às pessoas uma clareza e responsabilidade reais sobre o que realizar (objetivos de desempenho) e como trabalhar juntas (objetivos de valores). Quando associadas a uma expectativa de que os líderes iriam treinar e ajudar as pessoas a atingir seus objetivos, essas equipes conseguiriam trabalhar juntas de novas maneiras que fizessem um melhor uso de seus talentos, energia e motivação.

Questões a considerar

Objetivos de desenvolvimento pessoal

Pense por um momento sobre seu próprio desenvolvimento pessoal e suas aspirações de carreira. Quais são algumas áreas do seu trabalho em que você gostaria de aprender novas habilidades?

Há alguns objetivos que seriam valiosos para sua equipe e estão também relacionados à maneira como vocês trabalham juntos?

AMPLIANDO OS LIMITES PARA INCLUIR QUESTÕES ORGANIZACIONAIS

Outra maneira de transformar a frustração de uma equipe em ação durante a segunda etapa do processo de mudança é expandir o escopo das decisões que a equipe pode tomar para incluir questões organizacionais. Essa expansão da oportunidade envia um sinal claro de apoio e encorajamento para a equipe continuar a se mover para se tornar uma Equipe em Progresso Contínuo. Quando as pessoas percebem que suas idéias são consideradas e que têm responsabilidade por decisões importantes, elas se sentem valorizadas, o que transforma o desencorajamento em desenvolvimento.

Durante a etapa 1, o propósito dos limites era criar um enfoque para a ação dos membros da equipe. O objetivo era iniciar as equipes tomando decisões que não fossem demasiado complexas, mas que pudessem ser usadas para ajudar os membros e os líderes a entender o poder de concentrar a ação dentro desses limites. Agora chegou o momento de a equipe começar a tomar decisões que possam ter um impacto maior nos resultados da organização. Exemplos dessas decisões críticas são:

- determinar necessidades de treinamento;
- programar e controlar a produção;
- administrar os fornecedores.

Durante esse processo, as equipes podem achar que alguns sistemas organizacionais operam mais como arame farpado – mantendo as pessoas confinadas – do que se expandindo como elástico, à medida que as pessoas melhoram nas habilidades da Equipe em Progresso Contínuo.

Vamos ser mais arrojados e considerar uma das questões mais críticas de decisão organizacional que freqüentemente destrói as Equipes em Progresso Contínuo. As avaliações de desempenho e a maneira como são administradas afetam claramente a maneira como as pessoas se comportam em uma organização. Não é incomum encontrar inconsistências entre os procedimentos de avaliação e o tipo de inconsistências entre os procedimentos de avaliação e o tipo de processo de avaliação do desempenho que apoiaria as Equipes em Progresso Contínuo. Quando os membros da equipe têm mais acesso à informação, eles sem dúvida reconhecerão as inconsistências.

Algumas perguntas importantes podem ser feitas sobre o sistema de avaliação do desempenho para estimular a ponderação sobre as mudanças necessárias:

- Até que ponto as pessoas – tanto os líderes quanto os membros da equipe – gostam do processo vigente?
- Até que ponto as pessoas temem a ocasião em que são feitas as avaliações?
- O processo pune ou desenvolve as pessoas?
- A avaliação é uma parceria entre os líderes e os membros da equipe?
- O processo apóia um enfoque nos objetivos e no desempenho da equipe?

Na maioria das organizações, descobrimos que as pessoas respondem negativamente a essas perguntas. A forma de avaliação do desempenho usada em geral nas organizações é desaprovada e encarada como punitiva. As pessoas temem a época de avaliação do desempenho, pois ela é cheia de surpresas desagradáveis. O processo se concentra em avaliar os indivíduos para justificar as decisões e não no desempenho da equipe. Embora esse sistema possa ter funcionado em uma organização dirigida como uma hierarquia de manejo, não funcionará com Equipes em Progresso Contínuo. Algo teve de mudar.

Exemplo

A companhia de utilidade pública e as avaliações da equipe

Em uma companhia de utilidade pública que queria implementar confiança nas equipes autodirigidas foi iniciado o treinamento para ajudar todos a entender a nova orientação. A equipe de gerência proporcionou um forte apoio para dar às equipes mais informações e autoridade para tomar importantes decisões na empresa. Tudo parecia estar caminhando muito bem até chegar o momento das avaliações de desempenho anuais.

Certo dia, durante uma sessão de treinamento, um dos trabalhadores perguntou ao instrutor: “Você já viu nossos formulários de avaliação de desempenho?”. Um pouco surpreso, o instrutor respondeu que não. O membro da equipe disse: “Bem, eles contradizem tudo o que está nos ensinando e o que estamos tentando fazer!”.

A discussão que se seguiu revelou que o formulário de avaliação do desempenho era uma lista de itens sobre cada pessoa que o supervisor tinha de marcar usando uma escala de cinco pontos. Os itens incluíam: (1) tem uma atitude de trabalho positiva; (2) realiza o trabalho no tempo adequado; (3) reage bem às solicitações de seus supervisores; e (4) é cooperativo com os outros. Mas a principal queixa era de que, após a avaliação de cada um no grupo de trabalho, o supervisor tinha de classificar as pessoas da melhor para a pior no grupo – uma desgraça para um trabalho em equipe. Essa forma de avaliação vinha sendo usada há muitos anos. Na pior das hipóteses, criava uma competição desnecessária entre os membros da equipe se o supervisor a levasse a sério. Na melhor, o supervisor ignorava a classificação e todos encaravam o processo como uma brincadeira. Nada se fazia para apoiar as equipes que tomavam decisões e assumiam a responsabilidade por atingir os objetivos.

Felizmente, quando essa informação foi passada ao vice-presidente sênior da divisão, ele fez com que o processo fosse alterado de modo a excluir a classificação e incluir as avaliações da equipe e individuais.

"Mas a nossa equipe não pode afetar a política organizacional!"

Neste ponto, você pode estar pensando que a equipe não tem capacidade para afetar as políticas da organização. A gerência deve estabelecer políticas e procedimentos. Vamos voltar ao tema central do capítulo anterior – o compartilhamento de informações, incluindo o compartilhamento de informações dos empregados para a gerência. Freqüentemente, no esforço de tentar mudar a organização, os gerentes não têm consciência de que a a adoção de políticas tradicionais é inconsistente. No caso citado, os líderes ignoraram o fato de que o processo de avaliação do desempenho promovia a competição entre os membros em vez de se concentrar no trabalho da equipe. Somente quando as pessoas levaram a situação à atenção da gerência o processo foi modificado.

Mudar para as Equipes de Progresso Contínuo significa que todos são responsáveis pelos resultados. Os membros da equipe precisam reconhecer e expor os processos e as políticas que estão impedindo o progresso. Quando uma organização está realmente se movendo rumo às Equipes de Progresso Contínuo, o diálogo aberto e o questionamento dos procedimentos e processos são bem-vindos e atrativos. As equipes têm mais poder do que podem imaginar. Muitas vezes temos visto equipes afetarem políticas e processos, em geral quando proporcionam uma análise sólida e uma apresentação efetiva do problema. A mensagem para os membros da equipe neste ponto do processo de mudança é sempre ser vigilante para coisas que estejam bloqueando o progresso.

Questões a considerar

Problemas com os sistemas organizacionais

Pense sobre as políticas e os procedimentos da organização, especialmente aqueles relacionados ao desempenho da equipe. Que políticas e procedimentos vocês acham necessário ser modificados para apoiar melhor os princípios do envolvimento, da capacitação, da colaboração e da responsabilidade das Equipes em Progresso Contínuo?

Limites mais amplos transformam o desencorajamento em desenvolvimento

O desencorajamento através do qual todas as equipes devem passar na jornada para o Progresso Contínuo pode ser uma etapa difícil. É um pouco paradoxal que dando às pessoas mais responsabilidade – ampliando e aprofundando os limites – o desencorajamento possa ser convertido no desenvolvimento da equipe. Dar responsabilidade funciona porque lida com a principal preocupação tanto dos gerentes quanto dos membros da equipe.

No fundo, os gerentes temem que as equipes não consigam atingir o Progresso Contínuo, onde podem realmente impactar os resultados. E os membros da equipe temem não ser bem-sucedidos como Equipes em Progresso Continuo ou que a gerência pare essa mudança antes de atingir resultados positivos.

Os limites criam liberdade – eles o mantêm confinado. Sem eles você pode terminar correndo na tribuna de honra em vez de no campo de jogos.

Expandindo apenas um pouco os limites – e depois um pouco mais – durante esta segunda etapa da mudança, os líderes e também os membros da equipe terão a chance de ver resultados positivos sem levar cada parte além do que elas podem lidar.

É claro que todos nós temos limites, mas como podemos encontrar esses limites a menos que exploremos ao máximo o nosso campo de ação? Prefiro falhar em uma tentativa de fazer algo novo e inexplorado do que ter um sucesso seguro na repetição de algo que já fiz.

A.E. HOTCHNER

SETE

Tome Decisões em Equipe para Criar uma Sensação de Poder

Neste ponto, sua equipe está provavelmente começando a experimentar uma sensação de poder que pode ser nova para muitos de seus membros. Você tem em suas mãos informações que jamais teve antes e começou a trabalhar com objetivos de equipe claramente definidos. Com o desenvolvimento dessas duas habilidades, a mudança para uma Equipe em Progresso Contínuo está pronta para uma aceleração real. O que é necessário para isso acontecer é a sua equipe começar a tomar decisões em conjunto. Isso significa na verdade tomar decisões juntos, não apenas recomendá-las e vê-las tomadas pelo líder. Vamos considerar a seguir os elementos e o poder da tomada de decisão em equipe.

MAIS AUTORIDADE PARA A EQUIPE NA TOMADA DE DECISÃO

Como já comentamos nos dois capítulos anteriores relacionados à etapa 2 do processo de mudança, a passagem para as Equipes em Progresso Contínuo é em geral envolvida por sentimentos de desencorajamento. Esses sentimentos tendem a surgir do fato de que as pessoas podem se sentir sozinhas com suas inseguranças, ainda que outras pessoas da equipe experimentem os mesmos sentimentos. Mesmo com mais informações e limites mais amplos, algumas das preocupações que ainda podem passar pelas mentes das pessoas são:

- fico imaginando se os outros se sentem tão desajeitados e estranhos quanto eu com relação a essas mudanças;
- eu costumava saber o que estava acontecendo e como realizar o meu trabalho. Mas agora às vezes me sinto perdido e inseguro sobre a maneira de realizá-lo em uma equipe;
- não estou certo de ter as habilidades que serão necessárias em uma Equipe em Progresso Contínuo;
- algumas pessoas na nossa equipe parecem prontas para mudança, mas eu ainda não estou. Ou estou pronto para a mudança, mas todos os demais parecem estar lentos no processo.

Para combater esses sentimentos de hesitação, é hora de realmente expandir a autoridade para tomada de decisão dos membros da equipe para que eles desenvolvam confiança em suas habilidades. Os integrantes da equipe precisam aprender a usar as informações que agora recebem e os limites que são definidos para guiá-los na tomada de decisões em equipe.

Hábito é hábito, e não deve ser atirado pela janela,
mas persuadido escada abaixo, um degrau de cada vez.

MARK TWAIN

Relacionando os talentos naturais dos membros da equipe

Um bom ponto de partida para aprender a tomar decisões em equipe é considerar os papéis que os seus membros podem desempenhar nessa etapa da mudança. Sua equipe ainda não está totalmente desenvolvida. Não está funcionando em plena capacidade da Equipe em Progresso Contínuo. Na verdade, ela ainda não está pronta para tomar as decisões mais complexas que virão um pouco mais tarde.

Uma característica fundamental de uma Equipe em Progresso Contínuo é uma sensação de participação intensa e orgulho na tomada de decisões importantes. Mas os membros da equipe também sentem as pressões que eram tradicionalmente sentidas por seu líder. Com sua equipe ainda desenvolvendo suas habilidades e sentindo as pressões iniciais da participação intensa, são inevitáveis o desencorajamento e a preocupação com relação ao fracasso. A equipe continua a precisar de orientação e direção do líder sobre o que fazer e como fazer. Mas precisa também começar a tomar suas próprias decisões para acelerar a mudança.

Os membros da equipe ajudam-se mutuamente nesta etapa encorajando as habilidades naturais de cada pessoa. A diversidade de seus membros garante a representação de uma ampla variedade de talentos, habilidades e competências na equipe. Quando surge uma questão, um ou mais membros podem realmente dar um passo à frente com as habilidades para lidar com ela, mas provavelmente precisarão de encorajamento para fazê-lo.

Habilidades como facilitação das reuniões de equipe, tomada de decisões conjuntas, resolução de conflitos, escuta efetiva, encorajamento a outros membros, a garantia de que todos sejam ouvidos e manutenção das discussões da equipe concentradas na questão que está sendo tratada são importantes para o funcionamento efetivo da equipe. Em geral, algumas pessoas terão habilidades em uma ou mais dessas áreas. Elas podem conduzir e ensinar a outros essas habilidades para que pouco a pouco cada um consiga adquirir novas e importantes habilidades do funcionamento em equipe.

EXEMPLO

O inventário dos bens da equipe

Em uma companhia da indústria de serviços de informação, as equipes fizeram um esforço consciente para identificar os talentos de cada membro da equipe. Eles o chamaram de "inventário dos bens da equipe", e o resultado foi divulgado para todos os membros. Quando surgiam questões relacionadas a determinada especialização, a pessoa apropriada era encorajada pelo líder da equipe a assumir um papel de liderança no tratamento dessas questões.

Entretanto, os membros da equipe relutavam em usar seus talentos até que os outros membros começassem a proferir palavras de encorajamento. Com o terreno preparado para o compartilhamento da liderança, um número cada vez maior de pessoas começou a reconhecer quando podia dar uma contribuição. Começaram a tomar a iniciativa, às vezes com idéias ou sugestões, outras simplesmente com palavras de encorajamento e elogio aos outros. Como resultado, as equipes começaram a funcionar em um nível muito mais elevado.

Questões a considerar

Fazendo um inventário dos talentos da equipe

Pense sobre os talentos, habilidades e competências que você possui que podem ser valiosas para sua equipe nessa fase do desenvolvimento. Certifique-se de incluir habilidades como mediação de conflitos, construção de relacionamentos, resolução de problemas, condução de reuniões, manutenção de registros e de anotações, uso de habilidades em matemática ou ciências, escrita, resumo de discussões e introdução de novas idéias. Que habilidades e talentos outras pessoas da sua equipe possuem que poderiam ajudar no bom funcionamento da sua equipe?

EXPANDINDO A EXTENSÃO DOS PAPÉIS DOS MEMBROS DA EQUIPE ATRAVÉS DE TREINAMENTO

Você e outros membros da equipe possuirão muitas habilidades e competências que podem ajudar no bom desempenho da equipe, e agora você está consciente de quais são algumas dessas habilidades. Pode também estar claro que os integrantes da equipe precisam adquirir algumas habilidades para o melhor funcionamento da equipe.

Talvez sua equipe esteja lutando com argumentos freqüentes, como incapacidade para chegar a acordos, manejo deficiente das reuniões, carência de habilidades técnicas, controle de qualidade, escuta, elogios etc. Se for assim, ela deve buscar ajuda ou treinamento para adquirir ou melhorar as habilidades necessárias.

✪ EXEMPLO

Desenvolvendo as habilidades da equipe

Um grupo de serviços financeiros nos envolveu em um esforço de um ano para treinar suas equipes de maneira oportuna. Eles constantemente observavam as necessidades da equipe e designavam treinamentos para ensinar essas habilidades. As equipes usavam estas novas habilidades e nos informavam quando estavam com problemas. No fim do ano, elas se tornaram muito boas em comunicação, tomada de decisão em consenso, resolução de conflitos, apoio mútuo e compartilhamento da liderança. Seus resultados refletiram a aplicação dessas habilidades através da demonstração de melhoras de desempenho com a utilização de várias medidas.

REMOVENDO OBSTÁCULOS ATRAVÉS DE PROCESSOS DE EQUIPE EFETIVOS

Nesta etapa, convém observar como sua equipe lida com as questões internas. Se ela está lutando com um aspecto do seu funcionamento, como resolução de conflito, chegada a consenso, manejo de reuniões ou resolução de problemas, convém determinar se um processo específico poderia aliviar o problema.

Por exemplo, quando estão trabalhando mais independentemente do que no passado e pelo fato de a mudança em si ser em geral desconfortável, algumas equipes enfrentam dificuldades na maneira de lidar com o conflito. Se esse é um problema, os membros da equipe devem reservar um tempo para desenvolver um processo para o manejo do conflito. Todos precisam reconhecer que o conflito na tomada de decisão da equipe é realmente uma coisa boa – proporciona idéias, opiniões e perspectivas diferentes. E é uma fonte de energia – as pessoas não têm conflito sobre questões com as quais não se importam. O desafio não é eliminar o conflito; é canalizar essa energia para melhores decisões.

✪ Exemplo

O processo de resolução de conflito

Em uma organização da indústria varejista de alimentos, as equipes concordaram em um curso de ação específico a ser seguido quando surgissem conflitos. Primeiro, discutiriam como cada membro da equipe se sentia sobre a questão e por quê. Segundo, analisariam o que teria de mudar para cada membro da equipe se sentir confortável. Terceiro, eles se concentrariam no que estavam dispostos a fazer individualmente para chegar a uma zona de conforto. E, finalmente, partiriam para a resolução do conflito, que se aproximaria ao máximo de uma situação ganha-ganha para todas as partes envolvidas.

Esse processo de resolução de conflito proporcionou-lhes uma estrutura para lidar com o conflito de uma maneira construtiva, menos emocional. Permitia-lhes usar o conflito para explorar alternativas e concentrar a energia em uma solução que funcionasse bem para todos.

O QUE FAZ COM QUE AS EQUIPES TENHAM SUCESSO OU FRACASSEM?

Segue abaixo uma lista que compara as características que fazem as equipes e seus ambientes estagnar ou prosperar. Esta lista baseia-se em nossos anos de observação e trabalho com equipes. Se sua equipe pode ser descrita pelas palavras da coluna "Estagnar", não está se tornando uma Equipe em Progresso Contínuo. Somente se operar segundo as palavras da coluna "Prosperar" uma equipe pode passar ao *status* de Progresso Contínuo.

Estagnar	Prosperar
Propósito obscuro	Missão estabelecida, definida
Comportamento disfuncional	Princípios de operação compartilhados
Choques de personalidade	Valorização das diferenças
Conflito emocional	Desacordo saudável
Autoridade restrita	Capacitação para agir
Indiferença da gerência	Entusiasmo da gerência
Apoio verbal	Apoio visível

Medo do fracasso	Confiança, assumir riscos
Informações ocultas	Comunicação aberta
Medo da auto-análise	Avaliação contínua
Membros não treinados	Membros treinados
Atitudes egoístas	Elogios liberais
"O trabalho é um fardo"	"O trabalho é divertido"

Questões a considerar

Funcionamento da equipe

Pense sobre como sua equipe está funcionando agora. Há algumas questões internas da equipe inibindo o progresso? O conflito está sendo usado para criar novas idéias e concentrar a energia em obter ótimos resultados? O que a sua equipe poderia fazer diferentemente para evitar se tornar estagnada e, em vez disso, prosperar como uma Equipe em Progresso Contínuo?

Expandindo a resolução de problemas e a tomada de decisões em equipe

Um dos atributos mais poderosos e excitantes das equipes é sua capacidade para resolver problemas de trabalho complexos. Já vimos muitos casos em que as Equipes em Progresso Contínuo resolveram alguns dos problemas de produção ou serviço mais difíceis da sua organização.

Lembre-se de que quando as pessoas estão por alguma razão desencorajadas, reconcentrar a atenção nos seus pontos fortes pode produzir resultados incríveis. Coletivamente, os membros da equipe têm grande força na sua capacidade para resolver problemas ou inovar e melhorar seus processos de trabalho. Os talentos diversos e a experiência que existem em uma equipe são recursos poderosos para superar os desafios organizacionais e da equipe. A etapa 2 é uma época oportuna para sua equipe buscar áreas de melhora e resolução de problemas para satisfazer suas responsabilidades fundamentais.

Os membros da equipe podem inquirir o líder ou seu gerente sobre questões importantes com as quais a equipe pode estar lidando. Ou podem ponderar sobre questões que estão prontas para ser melhoradas, discutir cada uma e selecionar aquela que pode ter um impacto real, mas não levará a equipe além da sua competência.

Neste ponto, sua equipe deve concentrar a energia em encontrar soluções novas e estimulantes. Certifiquem-se de ouvir um ao outro, de se desenvolverem a partir das diferenças das idéias dos membros da equipe e de chegar a uma decisão que pareça correta para todos os membros. Continuem conversando sobre a decisão até que ela seja aceita por todos. Esse processo de tomada de decisão pode fazer maravilhas pela autoconfiança da equipe, que sem dúvida, usará a experiência para decidir sobre novas maneiras de resolver problemas ou tirar proveito das oportunidades.

Não se esqueça de que quando a equipe tiver terminado seu projeto, deve haver uma comemoração. Comemore o poder de tomada de decisão da equipe e os resultados dele decorrentes!

Questões a considerar

Um desafio para a equipe

Pense sobre as responsabilidades de trabalho da sua equipe (objetivos) e relacione algumas oportunidades para a melhora (por exemplo, qualidade, custo reduzido ou melhora na prestação de serviço). Que oportunidade vale a pena aproveitar? O que sua equipe terá de fazer para ser bem-sucedida nesse desafio? Como acha que você e os membros da sua equipe vão se sentir depois de realizadas as melhoras?

Nada de bom é criado de repente, do mesmo modo que um cacho de uvas ou um figo. Se você me diz que deseja um figo, vou lhe responder que precisa de tempo. Primeiro ele precisa florescer; depois dar fruto e depois ser colhido.
EPÍTETO, 50-120

Desencorajamento e mudança: o fim da etapa 2

Quando chegamos ao fim da nossa discussão da etapa 2, esperamos que você esteja percebendo que existem algumas idéias para ajudar a combater as forças negativas do desencorajamento. Na verdade, se usar as idéias deste e dos dois capítulos anteriores, sua equipe poderá acelerar o movimento para o Progresso Contínuo. É fundamental que as equipes permaneçam concentradas no quadro amplo e de longo prazo do que será o seu trabalho e a sua vida profissional sob o novo sistema. Use o compartilhamento das informações para continuar construindo confiança e capacitando as pessoas para agir de maneira responsável. Use limites mais amplos e uma tomada de decisão em equipe expandida para provar à equipe que ela pode se destacar e se tornar uma Equipe em Progresso Contínuo.

✪ Exemplo

A equipe farmacêutica vai em frente

Os membros de uma equipe de três anos de uma destacada companhia farmacêutica comentaram conosco que no início estavam temerosos e frustrados diante de suas novas responsabilidades. Parecia-lhes estar assumindo responsabilidades que estavam além da sua capacidade e duvidavam de que pudessem aprender as novas habilidades requeridas.

No entanto, usando as idéias desses três últimos capítulos para ajudar a desenvolver as habilidades de uma Equipe em Progresso Contínuo, eles se tornaram uma equipe extremamente desenvolvida e completamente confiante em sua competência para realizar as tarefas necessárias. Todos os membros comentaram ter se beneficiado pessoalmente dessa expansão de papel e que o trabalho tornou-se mais interessante e agradável. Também disseram que não queriam mais voltar ao sistema anterior. Tendo vencido o desafio contra o desencorajamento, emergiram mais fortes, tanto individual quanto coletivamente.

Enquanto passamos para a etapa 3

À medida que você e os membros da sua equipe passam a participar mais intensamente do seu trabalho e das questões a ele relacionadas, e à medida que aprende a usar as habilidades do compartilhamento de informações, esclarecimento dos limites e equipes de autogerenciamento, você está chegando ao fim da etapa 2. Está vencendo o desencorajamento

- fazendo uso das habilidades que as pessoas já possuem;
- adquirindo novas habilidades necessárias no Progresso Contínuo;
- melhorando os processos da equipe;
- expandindo a tomada de decisão e a resolução de problemas da equipe.

Quando você atinge uma aceleração plena rumo ao Progresso Contínuo, está pronto para passar à etapa 3, onde vamos nos concentrar em como você e sua equipe podem dominar as habilidades das Equipes de Progresso Contínuo.

Liberdade é a oportunidade de tomar decisões.

KENNETH HILDEBRAND

ETAPA 3

Domine as Habilidades

OITO

Use as Informações para Conseguir Ótimos Resultados

Quando as equipes passam pela etapa 2, com frequência a alegria da aceleração torna-se um problema para dar o passo final para o Progresso Contínuo. É tentador as pessoas tirarem seus olhos da visão de uma Equipe em Progresso Contínuo em pleno funcionamento. Como já vimos, essas equipes se concentram não apenas em mais envolvimento dos seus membros, mas também no aumento das responsabilidades para atingir ótimos resultados. As Equipes em Progresso Contínuo têm importantes responsabilidades para todos da equipe. Nestas equipes, as pessoas expressam suas opiniões, discordam umas das outras, argumentam em defesa de suas posições e sentem a pressão da responsabilidade pelo desempenho. Também experimentam uma sensação de domínio, são ouvidas e entendidas, tomam e implementam decisões de equipe, e fazem uso e desenvolvem os talentos de cada um de seus membros.

À medida que se move rumo a essa última etapa da jornada, perduram algumas questões:

- Temos obtido algum sucesso com essas novas habilidades da equipe, mas será que conseguiremos dominar totalmente as habilidades de modo que elas se transformem em novos hábitos?

• Realmente vale a pena o esforço para dominar as habilidades? Nossa liderança vai nos permitir seguir todo o trajeto e nos tornarmos uma verdadeira Equipe em Progresso Contínuo?

• Estamos realmente realizando um impacto positivo em termos dos resultados que temos alcançado? Trata-se realmente de grandes resultados?

• Quem ainda não embarcou na abordagem da nova equipe e como podemos torná-lo mais envolvido?

• Nossa equipe está realizando um trabalho melhor enquanto grupo, mas será que podemos trabalhar juntos de maneira mais eficiente e nos tornarmos realmente uma Equipe em Progresso Contínuo? O que está nos inibindo?

• Como podemos assumir um papel ainda mais importante na empresa? Podemos ser envolvidos em decisões estratégicas e em outras questões fundamentais?

Consideremos como as informações podem ser usadas para ajudar a lidar com essas questões e aproximar mais a equipe do seu objetivo final.

COMO O MELHOR USO DAS INFORMAÇÕES PODE MANTER EM ANDAMENTO O PROCESSO DA MUDANÇA?

Nesse ponto do processo de mudança, as equipes estão realmente começando a usar a informação que receberam durante as duas primeiras etapas da mudança. Elas também viram como as informações que começaram a compartilhar com a gerência são valiosas para melhorar as decisões administrativas. Devido a essa melhor utilização das informações e a esse compartilhamento em duas vias das informações, elas estão agora em uma posição melhor para saber que informações adicionais necessitam para melhorar seu desempenho.

Chegou o momento de a sua equipe discutir como está usando as informações que agora estão disponíveis sobre o local e o desempenho da organização. Será que a equipe pode usar informações adicionais sobre questões específicas? Menos informações sobre os outros? Informações em um formato ou estrutura de tempo diferentes? Discutir essas questões vai ajudar a liderança sênior e sua equipe a garantir que estão dando valor e importância às mesmas informações e usando as mesmas medidas para acompanhar o sucesso. Se houver inconsistências entre as informações que estão sendo usadas por sua equipe e a liderança sênior, o resultado será um esforço desperdiçado. É fundamental que a equipe esteja esclarecida sobre que informações estão mais intimamente relacionadas aos objetivos da companhia. Nessa etapa, é também imperativo que a liderança sênior escute o que a equipe acha importante ser medido em relação a esses objetivos.

O desejo de conhecimento sempre aumenta. São como o fogo,
que deve primeiro ser aceso por algum agente externo,
mas que depois se propagará sozinho.

DR. SAMUEL JOHNSON

EXEMPLO

Usando as informações em uma companhia de embalagens

Uma companhia da indústria de embalagens pouco a pouco foi passando o controle completo dos resultados da empresa às suas equipes. Cada equipe era estabelecida como uma pequena companhia dentro da companhia maior. As equipes controlavam o processo de compartilhamento das informações, perguntando o que necessitavam e gerando grande parte de suas próprias informações.

Uma vez por trimestre, todas as equipes se reuniam para compartilhar seus resultados e relacioná-los ao desempenho geral da companhia. Os relatórios combinados das equipes eram reunidos em uma declaração de lucros e perdas da companhia para o trimestre, juntamente com outras medidas fundamentais de desempenho, como desperdício, tempo ocioso das máquinas, remessa das embalagens, rotação do estoque e custo por unidade de produção. Através de um diálogo aberto nessas reuniões, todos eram informados das medidas fundamentais que estavam sendo usadas para avaliar o desempenho da companhia e que novas medidas poderiam ser necessárias para melhorar esse desempenho. O impacto disso sobre o moral, a energia e o envolvimento da equipe era quase tão impressionante quanto o impacto nos resultados da companhia.

QUESTÕES A CONSIDERAR

Informações adicionais

Agora que sua equipe está no processo de receber e usar novos tipos de informações para obter resultados, que informações adicionais podem ajudá-la a operar com mais eficiência ainda e a tomar melhores decisões de trabalho? Além disso, alguma informação pode ser modificada no momento de uso ou no formato para ser mais útil?

DETERMINANDO QUE INFORMAÇÕES SÃO DESNECESSÁRIAS

Nessa etapa da jornada, sua equipe tem muita experiência com o uso de informações e tem uma idéia muito melhor de qual informação é necessária para atingir seus objetivos. Ela pode decidir que algumas das informações que está recebendo não são necessárias. Identificando quais informações são desnecessárias, a equipe pode ajudar a modernizar o processo de compartilhamento de informações. É importante reconhecer que as necessidades de informação podem mudar quando os problemas são resolvidos, os objetivos alcançados e as questões tratadas.

EXEMPLO

Reunindo dados inúteis

Um de nossos clientes ganhou recentemente o cobiçado prêmio de qualidade Deming. O processo de candidatura ao prêmio levou as pessoas da organização a reunir grandes volumes de dados. Na verdade, eles ficaram tão acostumados a reunir dados que os reuniam em quase tudo o que faziam. Por exemplo, mediram o tempo de resposta das recepcionistas durante um ano e encontraram um padrão muito estável. O tempo de resposta caía entre 11h30 e 12h30, e entre 13 e 14 horas. Descobriram que o tempo de resposta era mais lento quando uma das duas recepcionistas saía para almoçar e era mais rápido quando ambas estavam presentes. Ninguém se deu ao trabalho de perguntar se essa redução na velocidade do tempo de resposta realmente criava um problema. Quando as recepcionistas viram que isso não causava problema, pararam de coletar esses dados inúteis. Por outro lado, se o tempo de resposta mais lento houvesse criado um problema, elas poderiam ter identificado uma medida do problema e tratado de resolvê-lo.

QUESTÕES A CONSIDERAR

Informações desnecessárias

Sua equipe está agora recebendo alguma informação que não seja mais particularmente útil e pode parar de recebê-la sem grande perda?

REEXAMINANDO O COMPARTILHAMENTO DE INFORMAÇÕES E A CONFIANÇA

Como cada vez mais informações são solicitadas pela equipe para ajudá-la a tomar melhores decisões, a questão da confiança precisará continuar a ser tratada. Quando as equipes começam a pedir informações sigilosas, a liderança pode ser tentada a limitar alguns tipos de informação. É fundamental para o sucesso de longo prazo das Equipes em Progresso Contínuo confiar nelas sejam quais forem as informações que julguem necessitar. Se os líderes acham que as informações são particularmente sigilosas ou poderiam ser perigosas nas mãos da concorrência, precisam dizê-lo e então confiar que as equipes guardarão sigilo sobre elas. É certamente do maior interesse das equipes fazê-lo, assim como do interesse da gerência e da companhia. Lembre-se de que o compartilhamento de informações sigilosas felicita tanto o intelecto quanto a integridade dos membros da equipe, e ambos os fatores são necessários ao Progresso Contínuo.

O compartilhamento das informações é, muito simplesmente, a força vital de uma Equipe em Progresso Contínuo. Mas precisa ser a informação certa no momento certo para obter ótimos resultados.

✪ EXEMPLO

Salvando a fábrica

Em 1981, a Xerox Corporation anunciou que, por razões econômicas, iria subcontratar a montagem de circuitos elétricos usados em suas copiadoras e fechar o departamento de montagem de equipamentos que empregava cerca de 180 pessoas. Como um ano antes a companhia havia iniciado um processo de envolvimento dos empregados chamado "Qualidade da Vida de

Trabalho", o sindicado estava preocupado de que essa decisão unilateral, que afetava tantas vidas, contradissesse os princípios do processo.

As reuniões entre o sindicato e a direção da empresa conduziram a uma suspensão temporária da decisão até que uma equipe de estudo pudesse examinar a questão. Foi dado à equipe – composta de seis trabalhadores da área afetada, um engenheiro e um administrador – um prazo de seis meses para encontrar maneiras de melhorar a qualidade, o custo e o desempenho na expedição da empresa para níveis que garantissem uma posição competitiva e que, fundamentalmente, mantivessem os empregos.

A equipe recebeu informações específicas sobre o trabalho do departamento. Em particular, verificou que precisaria conseguir uma economia de 3,2 milhões de dólares para poder competir com os subcontratados.

Em 1981 era incomum as companhias colocarem essa responsabilidade nas mãos de uma equipe de funcionários. Mas as equipes da Xerox eram valorizadas como importantes contribuintes para o sucesso da companhia. O grupo de estudo recebeu informações sigilosas e fundamentais que precisava para realizar uma análise das questões. As propostas que a equipe apresentou cobriam uma ampla extensão de opções que excedeu significativamente a meta de 3,2 milhões de dólares. A decisão de subcontratar a montagem de circuitos elétricos foi cancelada e os 180 empregos na Xerox foram salvos. Esses resultados não teriam sido possíveis se a direção da empresa não confiasse na equipe, proporcionando-lhe informações sigilosas e envolvendo-a em uma decisão fundamental.

QUESTÕES A CONSIDERAR

Protegendo informações sigilosas

Pense sobre a questão da confiança na medida em que ela se relaciona com o compartilhamento de informações sigilosas com sua equipe. Como sua equipe pode garantir que essas informações serão cuidadosamente controladas e usadas da maneira mais eficaz?

AJUDANDO NOVOS MEMBROS DA EQUIPE

Na sociedade dinâmica atual, é importante reconhecer que a qualidade de membro de uma Equipe em Progresso Contínuo vai mudar de tempos em tempos. As pessoas vão deixar a equipe e novos membros vão ocupar seu lugar. Se vierem de dentro da companhia, podem estar familiarizadas com as Equipes em Progresso Contínuo. Seja como for, você precisa reconhecer que sua equipe terá sua própria visão, missão, valores, métodos e processos singulares. Para se tornarem produtivas e serem assimiladas por sua própria equipe, tanto as pessoas de fora quanto as de dentro vão precisar de informações sobre sua equipe sem se tornarem um obstáculo nos processos de Progresso Contínuo que você desenvolveu.

O ideal é que sua equipe possua uma declaração clara que resuma o seu trabalho, seus métodos e suas crenças. Essa declaração deve também incluir a visão, a missão e os valores da organização, e como o propósito e os objetivos da equipe estão alinhados com eles. Os novos membros da equipe também vão precisar entender as normas e as regras básicas para trabalhar junto, assim como os papéis das tarefas individuais de cada membro da equipe.

As estratégias de comunicação, tanto dentro da equipe quanto com outras equipes, também precisam ser comunicadas aos novos membros. Além disso, eles precisam saber sobre quaisquer processos internos específicos, como aqueles para a resolução de problemas, tomada de decisão, resolução de conflitos, reuniões da equipe etc. Em suma, os novos membros, sejam eles pessoas de dentro ou de fora, precisam ter um ingresso impactante na sua Equipe em Progresso Contínuo para que possam ser plenamente funcionais e não prejudiciais.

QUESTÕES A CONSIDERAR

Orientando um novo membro da equipe

Pense sobre o desafio de ensinar novos membros da equipe. Como você pode ajudar os novos membros a aprender no tempo mais curto possível as tarefas, os métodos, as normas e as crenças da sua equipe?

DOMINANDO O COMPARTILHAMENTO DE INFORMAÇÕES PARA O PROGRESSO CONTÍNUO

Quando você passa para a etapa 3 da mudança para Equipes em Progresso Contínuo, deve chegar a um novo entendimento do papel e do uso das informações. Deve romper com o uso tradicional das informações por parte da administração e dos funcionários.

A maioria de nós foi criada em um sistema que definia claramente quem possuía vários tipos de informação. Os gerentes tinham acesso a alguns tipos de informações sigilosas às quais os funcionários não tinham. Precisamos mudar esse velho hábito. Atualmente há um incrível acesso do público às informações. As pessoas estão mais bem informadas hoje do que em qualquer época da história. As organizações que continuam a restringir o acesso às informações suscitam uma tomada de decisão desinformada e baixos níveis de confiança. Somente permitindo que os membros da equipe tenham acesso à maior parte das informações que a direção da empresa possui uma organização pode esperar obter os benefícios do Progresso Contínuo – equipes que usam seu conhecimento, experiência e motivação para atingir resultados excelentes.

O compartilhamento de informações para as Equipes em Progresso Contínuo é uma rua de mão dupla. Os membros da equipe têm muitas informações que os gerentes não possuem, e não podem insistir em fazer o jogo de reter as informações apenas porque a gerência não requer que eles as compartilhem. Os membros da Equipe em Progresso Contínuo são membros desenvolvidos que compartilham responsabilidade e compromisso para conseguir ótimos resultados. Devem fazer bom uso das informações que lhes são proporcionadas e ao mesmo tempo fornecer informações que podem ser úteis à gerência. Além disso, os membros da equipe precisam comunicar suas necessidades a seus líderes e demonstrar como o acesso a informações novas e sigilosas vai beneficiar a equipe e sua contribuição para o sistema geral.

Ao concluirmos nossa discussão sobre o domínio da habilidade de compartilhar informações, lembre-se de dois fatos importantes:

- a habilidade do compartilhamento de informações deve ser dominada por todas as partes para ser mais efetiva para uma Equipe em Progresso Contínuo;
- com um maior fluxo e uso das informações, a equipe está pronta para expandir os limites de modo a substituí-los por visão e valores.

O tipo de pensamento que conduziu ao sucesso passado não vai conduzir ao sucesso futuro.

KEN BLANCHARD, ALAN RANDOLPH & JOHN CARLOS

NOVE

Substitua os Limites por Visão e Valores

Agora que a sua equipe tem as informações para conduzir os resultados, sua jornada para se transformar em uma bem-sucedida Equipe em Progresso Contínuo precisa se concentrar em deslocar os limites do comportamento para que eles saiam dos membros da equipe. A intenção é incorporar os limites nos sistemas de crença dos membros da equipe para que eles possam exercer um bom julgamento e tomem decisões que apóiem e preservem a visão, a missão e os valores da organização.

Isso não quer dizer que a liderança da empresa não precise de direção e limites. Sugere que os limites amplos que guiam o comportamento do integrante da equipe precisam ser transferidos tanto quanto possível para os corações e as mentes dos membros da equipe. *Full Steam Ahead! Unleash the Power of Vision in Your Company and Your Life*, de autoria de Ken Blanchard e Jesse Stoner, proporciona uma estrutura excelente para a organização de sua visão, missão e valores.

TOMANDO A DECISÃO "CERTA"

As decisões que tomamos diariamente em nossas vidas pessoais e profissionais são determinadas por aqueles valores e crenças que adquirimos desde o nascimento, além dos valores operacionais adicionais que temos aprendido em nossas organizações. Esses valores nos ajudam a determinar o que acreditamos ser o certo ou o errado, o bom ou o ruim, o normal e o não normal. Eles são um fator fundamental em qualquer processo de tomada de decisão.

Embora os valores pessoais e organizacionais proporcionem uma base moral e ética para a tomada de decisão, a visão proporciona direção. Quando os membros da equipe podem ter a visão e entender os valores operacionais básicos da sua organização, a tomada de decisão torna-se bem mais fácil e mais produtiva. Por exemplo:

- Quando estamos diante de uma decisão que requer que escolhamos entre satisfazer um cliente e defender uma política da companhia, o que devemos fazer?
- Se manter um programa de produção significa sacrificar a qualidade, devemos mantê-lo?
- Se um telefonema de um cliente excede a diretriz de dois minutos sugeridos pela organização, devemos desligar ou continuar nossos esforços para satisfazer a necessidade do cliente?
- Se descobrimos uma maneira de melhorar a eficácia da nossa equipe, devemos reservar um tempo da produção para trabalhar nisso?

Essas são apenas algumas das muitas questões que os membros da equipe enfrentam todos os dias. Como é impossível para a liderança lidar com tal volume de situações, os membros da equipe podem aumentar a eficácia e a eficiência organizacional se forem capazes de agir por sua própria conta para resolver questões como essas. Na verdade, esse talvez seja o maior benefício de mudar para as Equipes em Progresso Contínuo – a capacidade dos membros da equipe de lidar com as questões cotidianas complexas de uma maneira responsável e oportuna.

No entanto, o fundamental é se certificar de que os integrantes da equipe entendem a direção e as crenças ou a visão e os valores da organização de forma que possam ser tomadas decisões responsáveis.

Ampliando os limites para aumentar a contribuição da equipe

Uma grande analogia visual que usamos em nosso trabalho com as companhias é fazer as pessoas pensarem nas linhas de demarcação de um campo de futebol e então lhes perguntar: "Quem tem o maior campo de jogo (limites) na companhia?". Em uma hierarquia é evidentemente o presidente da companhia, e cada nível de gerência descendo a hierarquia tem um campo de jogo menor. Quando você chega às pessoas da linha de frente, o campo de jogo pode ser na verdade muito restrito.

Em um ambiente de Equipe em Progresso Contínuo, esses limites são pouco a pouco ampliados à medida que as pessoas aprendem a agir com responsabilidade e a usar suas habilidades para realizar o seu trabalho. Nesse passo final ao longo da jornada, os limites podem ainda não estar tão amplos quanto o são para o presidente da companhia, mas são bem mais amplos do que eram quando o processo começou. Os limites proporcionam diretrizes para a autonomia de todos os membros da organização e também constroem responsabilidade e valores para todas as pessoas da companhia.

O conhecimento, uma vez adquirido, lança uma luz além de seus limites imediatos.
JOHN TYNDALL

✪ Exemplo

A confusão em relação aos valores organizacionais

Durante uma sessão de treinamento da gerência em uma organização de manutenção da saúde, estava sendo discutida a questão dos valores e das crenças. Querendo testar sua equipe administrativa, o presidente da companhia colocou um dilema a partir de uma situação recente real. Sua companhia solicitava o pagamento de uma operação que um de seus segurados necessitava para salvar sua vida. Sem a operação, a pessoa morreria. No entanto, a política excluía essa operação da cobertura da pessoa.

A direção da empresa dividiu-se em pequenos grupos para discutir o dilema. Quando voltaram a se reunir e começaram a analisar a situação, deram opiniões diferentes sobre como lidar com aquilo. Alguns achavam que ajudar o paciente a conseguir o cuidado necessário era a coisa moralmente correta a fazer, enquanto outros achavam que a companhia não poderia continuar operando se pagasse esse tipo de reivindicação. O presidente ficou surpreendido e consternado. Ele realmente achava que todos os gerentes sabiam que a companhia jamais deixaria seus segurados morrerem nessa circunstância. No entanto, aprendeu uma importante lição com respeito à comunicação e ao esclarecimento dos valores da organização para o seu pessoal.

Em situações complexas de tomada de decisão, é essencial que as pessoas entendam o propósito da organização, seus valores e suas crenças.

Visão, missão e valores como limites para a sua equipe

Como a visão, a missão e os valores da sua organização afetam o comportamento e as decisões no trabalho? Para esses indicadores serem significativos e úteis, devem ser traduzidos em comportamentos e ações do dia-a-dia.

◎ Questões a considerar

Sua visão, missão e valores

Pense sobre a visão, a missão e os valores da sua organização. Você pode determiná-los? São claros? Pode traduzi-los em suas próprias palavras?

✪ EXEMPLO

Ajudando os clientes versus *vendendo os produtos*

O presidente de uma organização de pesquisa e fabricação de equipamentos eletrônicos de alta tecnologia acreditava firmemente no serviço prestado aos clientes. Para ele, o papel da companhia em uma indústria tecnológica em desenvolvimento era ajudar seus clientes a resolver problemas.

Certo dia, colocou uma questão hipotética para seu pessoal: "Se um cliente tivesse um problema que pudesse ser resolvido melhor por um dos produtos do nosso concorrente, você o recomendaria?" Sua resposta, em conformidade com seus valores, foi um inequívoco sim.

Ele acreditava que realmente ajudando o cliente a resolver um problema ele estava não apenas fazendo a coisa certa, mas também mostrando ao cliente que sua organização era um recurso confiável. Criando um diálogo em torno da sua pergunta e resposta, ajudou o seu pessoal a entender que o papel deles era ajudar os clientes a resolver problemas, e não apenas vender produtos. O diálogo não deixou dúvidas sobre o modo como ele queria que seu pessoal agisse em tal situação.

EXPANDA AINDA MAIS O PAPEL DA SUA EQUIPE

No início do processo de desenvolvimento da Equipe em Progresso Contínuo, você e os membros da sua equipe foram solicitados a assumir responsabilidade por mais decisões que afetavam seu trabalho. Essas decisões podem ter incluído coisas como manter a segurança e administrar o negócio, avaliar o serviço ao consumidor e a qualidade e selecionar métodos de trabalho.

À medida que a jornada progrediu, você provavelmente começou a tomar decisões mais complexas, tais como determinar as necessidades de treinamento, reparar o equipamento, proporcionar treinamento físico e programar a produção.

Nesse ponto, o papel que você e os membros da sua equipe desempenham deve mais uma vez ser expandido para refletir seu crescimento e maturidade como uma Equipe em Progresso Contínuo. No domínio da tomada de decisão, as equipes amadurecidas são desafiadas a assumir um escopo expandido e uma maior complexidade das decisões. Por exemplo, sua equipe vai precisar decidir quando e como se engajar no trabalho com grupos em outras funções (colaboração com outras equipes), quem contratar para novos cargos e como preparar orçamentos.

Exemplo

A equipe de manutenção assume mais responsabilidade

A equipe de manutenção de uma companhia de manufatura de bombas composta de quatrocentas pessoas moveu-se consistentemente durante dois anos para operar como uma Equipe em Progresso Contínuo extremamente atuante. O gerente pouco a pouco foi dando aos membros mais autoridade para a operação da sua equipe, e eles aceitaram bem a responsabilidade.

Quando sua companhia cresceu e as mudanças foram expandidas, ficou óbvio que a equipe precisaria ter outro mecânico. Após discutir essa questão, o gerente e os membros da equipe concordaram que a equipe deveria conduzir o processo de contratação. Os membros já haviam desenvolvido padrões para cada posição dentro da equipe e inclusive desenvolveram seu próprio sistema de avaliação de desempenho com a ajuda do departamento de recursos humanos (RH). Estavam bem preparados para entender as habilidades e competências que necessitavam do novo mecânico.

Depois de aprender as regras para entrevistar os empregados potenciais, eles entrevistaram, selecionaram e contrataram o novo membro da sua equipe. No entanto, após o período experimental de três meses ficou óbvio que a nova contratada havia exagerado nas suas habilidades e era incapaz de realizar algumas tarefas extremamente necessárias para a equipe. Os membros da equipe discutiram sua situação e decidiram demiti-la. Nessa altura, pensaram em passar o processo de demissão para o gerente. No entanto, chegaram à conclusão de que como eles haviam contratado a nova mecânica, cabia a eles demiti-la do emprego.

Mais uma vez tratando com o departamento de RH, como qualquer bom gerente faria nessa situação, eles conduziram a demissão de uma maneira justa e cuidadosa. Durante todo o processo cada membro da equipe sentiu o sofrimento associado à decisão, mas isso os deixou mais fortes e mais dedicados a melhorar a maneira de selecionar e contratar novos candidatos.

Uma equipe nunca deve atuar em um campo não determinado. Seus membros devem ter consciência dos limites do campo de atuação.

JOHN MADDEN

Questões a considerar

Assumindo total responsabilidade

Pense sobre os papéis que sua equipe tem assumido durante seu desenvolvimento como uma Equipe em Progresso Contínuo extremamente atuante. Que papéis e decisões remanescentes seriam apropriados acrescentar para ela assumir total responsabilidade por sua operação?

As equipes como parceiras de negócios

Nesse ponto da jornada para as Equipes em Progresso Contínuo, sua equipe deve agora começar a trabalhar como um verdadeiro parceiro de negócios com a gerência. Os membros das equipes da linha de frente, os líderes de equipe e os líderes seniores devem começar a agir como iguais em termos de aceitar a responsabilidade pelo sucesso da organização. Cada pessoa terá um papel diferente, mas todos vão compartilhar a responsabilidade pelo sucesso da organização.

O *feedback* positivo e negativo sobre o desempenho pode fluir para cima, para baixo e para os lados na organização. Os membros das equipes da linha de frente devem apresentar idéias à liderança sênior e esperar a ação, assim como a liderança sênior deve esperar uma reação dos membros da equipe da linha de frente. O compartilhamento das informações flui em todas as direções, com a geração e a resposta vindo da fonte que for mais apropriada.

Por exemplo, os trabalhadores da linha de frente estão mais próximos à ação da produção ou da prestação de serviço. Podem observar os eventos ou coletar dados que não estão disponíveis à liderança sênior. Como parceiros, cabe a eles interpretar e compartilhar essas informações com os líderes da equipe, com os membros de outras equipes e com a liderança sênior.

A liderança sênior, por sua vez, pode ter mais conhecimento sobre as tendências da indústria e os eventos globais que produzem impacto no negócio. Cabe aos líderes compartilhar essas informações com as equipes e ajudá-las a entender sua importância.

Todas as partes têm uma responsabilidade de conduzir as informações de maneira adequada, tomando decisões para reparar ou melhorar as situações e informar os outros sobre o que estão planejando fazer. Os parceiros de negócio trabalham juntos para o bem da organização, e as suas ações devem ser encorajadas e esperadas por todas as partes nessa etapa da jornada. Ter limites mais amplos vai ajudar a manter todos trabalhando para os mesmos resultados finais.

QUESTÕES A CONSIDERAR

Agindo como um parceiro de negócio

Pense sobre o que significa para a sua equipe trabalhar como um parceiro de negócio com a liderança da sua organização. O que sua equipe já faz que causa um impacto direto na visão, missão e resultados da organização? Que responsabilidades adicionais vocês poderiam assumir para se tornarem parceiros de negócio mais importantes?

USANDO A VISÃO E OS VALORES PARA O SUCESSO DA EQUIPE

Para qualquer organização esperar que seu pessoal opere de uma maneira altamente eficiente, as decisões tomadas pelos membros das equipes devem ser orientadas por crenças internas que reflitam o propósito e a direção da organização. Essas crenças internas proporcionam um monitor de autocorreção para o comportamento das pessoas. Mas, para esse mecanismo funcionar corretamente, a visão e os valores da organização devem ser bastante claros. Do contrário, as pessoas estarão se movendo em direções diferentes – às vezes até opostas –, que em geral prejudicam o desempenho.

Os líderes devem reservar um tempo para comunicar e exemplificar a visão e os valores desejados pela organização. Os membros da equipe devem questionar, discutir e internalizar a visão e os valores, para que possam tomar decisões que movam a organização rumo a essa perspectiva, usando comportamentos consistentes com os valores da organização.

O resultado desse uso da visão e dos valores é uma organização cujos membros funcionam como parceiros que estão de acordo com seu propósito, valores operacionais e esperanças para o futuro. Desse acordo decorre um mecanismo poderoso para o funcionamento altamente eficiente das Equipes em Progresso Contínuo.

Simplesmente se esforçar mais dentro
dos velhos limites não vai funcionar.
KARL WEICK

DEZ

Seja uma Equipe em Progresso Contínuo e Obtenha Ótimos Resultados

Nessa etapa da jornada, sua equipe possui informações que costumavam estar quase exclusivamente nas mãos da administração e os seus membros também têm uma visão clara e um conjunto de valores operacionais. Combinando as informações com limites claros e habilidades, sua equipe pode agora se basear no conhecimento, experiência e motivação coletivos adquiridos para conseguir resultados impressivos.

Mais especificamente, você e os membros da sua equipe podem agora tomar muitas decisões que eram anteriormente tomadas por seu supervisor ou gerente. Por exemplo, vocês podem cuidar da entrevista e da contratação de um novo integrante da equipe, conduzir avaliações de desempenho dos membros, lidar com os problemas de desempenho individual, preparar e monitorar orçamentos e se encarregar das aquisições de equipamentos. Com informações e limites claros, sua equipe pode identificar problemas ou problemas potenciais e iniciar planos para resolvê-los antes de eles se tornarem graves.

O que precisam agora é encorajar-se mutuamente para que possam realmente atingir o Progresso Contínuo. Como uma Equipe em Progresso Contínuo, você terá conseguido uma competência total da equipe. Os integrantes da sua equipe vão se sentir confiantes sobre o uso pleno dos talentos coletivos de cada um para atingir ótimos resultados.

EXEMPLO

Esclarecendo as expectativas

Uma companhia da área de controle da poluição inicialmente achou difícil fazer a mudança para a plena responsabilidade. Os membros da equipe expressaram vivamente sua frustração e insatisfação quando estavam aprendendo as novas habilidades e não gostaram da idéia de ter de lidar com problemas de desempenho de seus membros.

A solução foi certificar que todos tivessem *um entendimento claro da direção da equipe* e que suas *expectativas fossem completamente entendidas*. Como resultado, descobriram que os problemas de desempenho ocorriam menos freqüentemente do que no passado e mais fáceis de resolver porque eram localizados muito mais cedo. A comunicação clara sobre a direção e as expectativas permitia que todos funcionassem como uma equipe que trabalhava bem junto e conseguia ótimos resultados.

QUESTÕES A CONSIDERAR

As habilidades de uma Equipe em Progresso Contínuo

Pense sobre o que você aprendeu enquanto sua equipe foi se adiantando neste livro e rumo ao Progresso Contínuo. Quais são as novas habilidades que você adquiriu que o ajudam a trabalhar bem com uma equipe?

Como manter uma Equipe em Progresso Contínuo com alto desempenho

Quando sua equipe tiver se desenvolvido para uma equipe de trabalho energizada e com alto desempenho, uma tarefa importante será mantê-la nesse patamar. Sem uma vigilância constante, ela pode se ver caindo nos antigos comportamentos. Qualquer coisa que fazemos repetidamente às vezes se torna tediosa, talvez até aborrecida. Por isso, um desafio à equipe é mantê-la sempre alerta.

Meça o desempenho do trabalho

Realizar o trabalho é uma coisa, melhorá-lo é outra completamente diferente. O que determina o sucesso e o bom desempenho no nosso trabalho? A única maneira real de descobrir isso é medindo-o.

Praticamente tudo pode ser medido: produtos produzidos por minuto, hora ou dia, cartas escritas por dia, volume de vendas, chamadas feitas a clientes em perspectiva, tempo ocioso de uma máquina, refugos e desperdício, tempo do ciclo (por exemplo, o tempo decorrido desde o pedido inicial do cliente até o envio), tempo de mudança de atividade (tempo de preparo de uma máquina para a fabricação de um produto diferente) etc. A lista de atividades envolvidas no trabalho é quase infinita, proporcionando uma série de oportunidades para medição e melhora.

As Equipes em Progresso Contínuo têm um desempenho excelente porque estão sempre encontrando maneiras melhores de trabalhar em conjunto para produzir ótimos resultados.

✪ Exemplo

Criando medidas úteis

A equipe de manutenção de uma fábrica abriu seu caminho para se tornar uma Equipe em Progresso Contínuo quando seus membros perceberam que não tinham como saber a qualidade do seu desempenho. Como, ponderaram eles, se pode medir o trabalho de manutenção e conserto quando, em sua maioria, se trata de atividades muito diversas?

A equipe decidiu questionar os membros da força de trabalho sobre o que realmente queriam e precisavam de uma boa equipe de manutenção. Começaram investigando os supervisores, que em geral os chamavam para o trabalho de manutenção. O que ouviram dos supervisores da fábrica foi:

- Queremos que vocês respondam à nossa necessidade rapidamente (no mais tardar em quinze minutos).
- Queremos que realizem o trabalho em um período de tempo razoável (no mais tardar em oito horas).
- Não queremos ter de chamá-los mais tarde para realizar o mesmo trabalho (em outras palavras, a qualidade do trabalho deve ser tão boa que vocês não terão de refazê-lo).

Tendo definido os critérios para uma boa equipe de manutenção, eles partiram para criar uma maneira de medir seu desempenho. Desenvolveram um formulário que captaria as informações. Descobriram então uma maneira de mapear os resultados semanalmente. De início, acharam que conseguiriam satisfazer esses critérios cerca de 80 por cento do tempo. Começaram a trabalhar em idéias para melhorar sua capacidade para satisfazer os critérios e dentro de um ano foram bem-sucedidos em 97 por cento do tempo.

Uma de suas idéias para a melhora tinha a ver com o primeiro critério – responder aos chamados de manutenção dentro de quinze minutos. A oficina da manutenção era uma área barulhenta e eles às vezes não conseguiam ouvir o telefone tocar. Então, conectaram uma luz brilhante ao telefone, que era ativada sempre que ele tocava. Com essa inovação, conseguiram eliminar as chamadas perdidas.

Esses ótimos resultados foram alcançados definindo-se e medindo os critérios de alto desempenho da equipe, como foi definido por seus clientes.

Meça como a equipe está funcionando

Você pode não apenas evitar que sua equipe deteriore, mas pode, na verdade, mantê-la se desenvolvendo de várias formas. Uma maneira é a equipe periodicamente medir como está funcionando. Além das avaliações normais de desempenho que a equipe usa diariamente para medir o progresso em relação a seus objetivos, pelo menos a cada três meses deve conduzir uma avaliação do sistema da equipe. Isso pode ser realizado de várias maneiras, mas uma das melhores é usar uma ferramenta de avaliação que meça o desempenho geral da equipe. Cada membro preenche um questionário e o pontua. Depois, os membros da equipe se reúnem para discutir os resultados. Essas avaliações ajudam a expor e a destacar problemas específicos, permitindo que sua equipe os resolva antes que se tornem questões complicadas.

EXEMPLO

A equipe de vendas se auto-avalia

Certa vez fomos solicitados a ajudar duas equipes de venda de uma empresa de importação de pescado. Essas equipes vendiam peixes para restaurantes, empórios e mercados de peixe varejistas. O trabalho era intenso, pois cada vendedor estava constantemente no telefone com os clientes, tentando atingir os objetivos diários e mensais.

Financeiramente, as equipes eram bem-sucedidas e os seus membros eram em geral motivados pela agitação do trabalho. Como parte da nossa avaliação, usamos uma ferramenta chamada "Perfil de Eficácia da Equipe", que destacava o que os membros da equipe achavam do seu desempenho.* O resultado geral mostrou que uma das equipes era "imatura", que é a classificação mais baixa dentre

* Rollin Glaser & Christine Glaser, Copyright 1980-2003 Organization Design and Development, Inc., disponível em www.teambuildinginc.com.

as cinco possíveis. Essa posição estava associada a uma equipe que não havia começado a desenvolver habilidades de tarefa e processos e era muito dependente de seu líder para direção, decisões e apoio. O perfil também mostrou que a equipe era a mais fraca na categoria de “relacionamentos interpessoais no grupo”.

Quando seus membros se reuniram para discutir os resultados, falaram sobre seu modo de trabalhar, declarando que os objetivos que tinham de cumprir deixavam pouco tempo para apoiarem um ao outro e desenvolverem relacionamentos satisfatórios e produtivos. Cada um deles disse que essa era a maior fonte de descontentamento com seu trabalho.

Pela primeira vez, cada membro da equipe conseguiu enxergar que cada um deles estava insatisfeito com a situação atual e queria mudá-la. Com essa nova informação, os membros da equipe encontraram maneiras de proporcionar um ao outro mais apoio e construir seus relacionamentos, e uma investigação subseqüente confirmou que haviam feito bons progressos.

Avalie diariamente

Um método simples para manter e melhorar o desempenho da equipe é avaliar funções menores. Por exemplo, as reuniões são famosas por não cumprirem o que se propõem. Para garantir a produtividade, todas as reuniões de equipe devem terminar com uma avaliação verbal dos seus membros. Nessa avaliação – que em geral dura menos de cinco minutos – cada integrante declara o que foi bom na reunião e o que poderia ser melhorado. Quando as avaliações são realizadas repetidamente, os membros da equipe começam a aprimorar suas habilidades de gerenciamento de uma reunião.

DESENVOLVA A EQUIPE USANDO EXPERIÊNCIAS DE FORA DA EMPRESA

Outro método para manter sua equipe viva e se desenvolvendo é tirar periodicamente os membros da empresa para uma "recarga das baterias". O Whole Foods Market Inc., uma cadeia de lojas de alimentos saudáveis com um processo de equipe eficiente, dirige todas as suas equipes para programar e realizar sessões anuais de desenvolvimento fora da empresa. Isso significa, por exemplo, que a equipe de produção da loja X deve programar e planejar sua própria sessão de desenvolvimento uma vez por ano. Isso demonstra o compromisso da empresa com a equipe e com o desenvolvimento dos seus membros.

Nessas sessões, os integrantes da equipe aprendem sobre comunicação, habilidades de escuta, resolução de conflitos, diferenças de personalidade, valores pessoais, contabilidade financeira da loja, orçamento, estratégias de compartilhamento de ganhos, melhora do processo etc.

RECONHECIMENTO

Outra maneira de manter a energia e a unidade da equipe é os membros periodicamente reconhecerem um ao outro por algo de valor. O reconhecimento é simplesmente um agradecimento a outro membro por uma contribuição valiosa. Essa é também uma boa oportunidade para angariar o envolvimento da liderança da sua equipe.

Desenvolver e manter o espírito de equipe é de vital importância para a saúde e vitalidade de longo prazo da sua equipe e de seus membros. Com freqüência, o desempenho e o comportamento sem brilho na organização originam-se de falta de consciência das necessidades humanas das pessoas no trabalho. Elas precisam ser reconhecidas pelo seu bom trabalho, e as organizações, os departamentos e as equipes que prestam atenção a essas necessidades tendem a superar os outros por uma ampla margem.

Questões a considerar

Avaliação

Quando você pensa no seu trabalho, o que avalia agora? Quais são os principais indicadores de desempenho que poderiam realmente lhe indicar como está se desempenhando? O que você deveria começar a avaliar regularmente que não avalia?

Eleve a marca: busque novas oportunidades

Sua equipe deve continuar a elevar a marca dos padrões de desempenho para permanecer à frente dos concorrentes de outras companhias. E deve se unir à liderança sênior para buscar fora da organização informações sobre o que os concorrentes estão fazendo e o que os clientes precisam e desejam, assim como novas idéias que vão bem além da área em que a companhia opera.

✪ Exemplos

As equipes analisam os concorrentes

Na indústria de processamento de alimentos, as equipes de uma companhia começaram a analisar os competidores para gerar novas idéias para seu próprio desenvolvimento. Quando elas começaram a apresentar informações sobre os índices de produtividade de seus competidores, máquinas novas, declarações de lucros e perdas e outras informações "sigilosas", os líderes da companhia ficaram alarmados. Ficaram realmente preocupados de que, por excesso de zelo, suas equipes tivessem cruzado o limite da espionagem industrial.

Quando inquiriram sobre o modo como as equipes haviam conseguido suas informações, elas responderam que cada fragmento de informação foi obtido através de fontes públicas. As informações sobre novas linhas de produção e sobre a produtividade foram obtidas de artigos publicados em revistas da área e as informações de lucros e perdas foram obtidas dos relatórios anuais dos acionistas. Uma das equipes adquiriu algumas ações de cada uma das companhias concorrentes para poder obter regularmente essa informação financeira.

Quando os líderes seniores ouviram isso ficaram aliviados e também impressionados com a engenhosidade de suas equipes.

A secretária desenvolve um novo negócio

Uma companhia de médio porte de processamento e vendas de alimentos ouviu a idéia de uma secretária para desenvolver um novo mercado para seus produtos. Antes de sua sugestão, a companhia vendia apenas para atacadistas, que por sua vez vendiam para os empórios. A secretária sugeriu que se iniciasse um negócio com catálogo para proporcionar uma via direta para os clientes. Foi encorajada a levar adiante a idéia e após um ano o negócio que ela estava dirigindo cresceu para mais de 1 milhão de dólares em vendas, com a perspectiva de um crescimento ainda maior.

A engenhosidade não tem limites.
Autor desconhecido

Sendo uma Equipe em Progresso Continuo com um futuro pela frente

Através de todo este livro trabalhamos para ajudar sua equipe a esclarecer para onde ela está indo e como vai chegar lá. Cobrimos vários tópicos importantes para o desenvolvimento da equipe destinados a ajudar seu grupo de trabalho a se tornar uma Equipe em Progresso Contínuo extremamente eficiente.

Sua equipe está passando por um dos períodos de transição mais importantes da era empresarial pós-industrial. Independente de quaisquer obstáculos que você possa encontrar no caminho, entenda que está ingressando em um campo novo no funcionamento das organizações. Você e seus líderes serão elogiados por previdência e persistência em mover sua organização para um novo nível de funcionamento e, finalmente, para um novo nível de desempenho. Sua equipe está agora em uma posição de contribuir para o negócio de maneira extraordinária.

Sua equipe está também em uma posição de gerar oportunidades de autodesenvolvimento para que o crescimento se torne um modo de vida. Este é o momento de ampliar seus horizontes e pensar em novas áreas que adicionariam valor ao trabalho da sua equipe e à sua operação. Olhe para o futuro e veja que novos desafios e oportunidades aguardam sua equipe.

QUESTÕES A CONSIDERAR

Prepare-se para um grande futuro

Sua equipe é agora uma Equipe em Progresso Contínuo. O que você pode fazer agora para se preparar para o futuro da sua equipe e usar essas novas habilidades que vocês dominaram?

Quando uma equipe supera o desempenho individual e aprende a confiar nela como equipe, a excelência torna-se uma realidade.

JOE PATERNO

ONZE

PARABÉNS
Você Tem uma Equipe em Progresso Contínuo

Que jornada incrível! Quando iniciou a leitura deste livro, você nem sequer sabia o que era uma Equipe em Progresso Contínuo que dirá como se tornar uma delas. Muito provavelmente teve algumas boas experiências e também algumas ruins na montagem de equipes. Agora pode apreciar o que queremos dizer quando falamos que as Equipes em Progresso Contínuo:

- usam todas as idéias e motivação de seus membros;
- fazem melhor uso do tempo dos membros e do líder da equipe;
- aumentam a produtividade e a satisfação para você, sua equipe e a organização.

Pare um pouco e se dê o crédito de saber mais agora do que quando começou a ler este livro. Você sabe o que esperar de uma Equipe em Progresso Contínuo e como pode parecer bom fazer parte de um grupo de pessoas tão fantásticas.

Mas você sabe muito mais do que apenas o que esperar. Sabe como usar as habilidades que transformam uma equipe em uma Equipe em Progresso Contínuo. Seguindo os três passos delineados neste livro, você:

1. aceitou o desafio de começar a aprender as habilidades do Progresso Contínuo;
2. acelerou a mudança – pois já tinha desenvolvido dúvidas;
3. dominou as três habilidades fundamentais de uma Equipe em Progresso Contínuo.

Sua persistência compensou o tempo despendido porque *você* e *sua equipe estão melhores agora do que estavam antes*. Por isso, cumprimente a si mesmo e a seus companheiros por aderirem ao processo e levá-lo até o fim.

Como optou por prosseguir no caminho, você e sua equipe sabem como funcionar como uma Equipe em Progresso Contínuo. Sabe como usar as três habilidades que colocam sua equipe bem acima do grupo de trabalho médio. Aprendeu a:

- usar o compartilhamento de informações que flui para cima, para baixo e para os lados para construir altos níveis de confiança e responsabilidade para sua equipe;
- usar limites claros que são bastante amplos para criar liberdade para sua equipe agir com responsabilidade e um enfoque claro;
- usar habilidades de autogerenciamento para tomar decisões eficientes sobre questões complexas e conseguir ótimos resultados para sua equipe e sua organização.

É O MOMENTO DE COMEMORAR

Agora fique algum tempo com a sua equipe para comemorar sua realização de se tornarem uma Equipe em Progresso Contínuo. Todos vocês devem ser aplaudidos por aprenderem a usar e aplicar essas habilidades fundamentais. O conhecimento é uma coisa maravilhosa nas mãos de uma equipe de pessoas que estão dispostas a usá-lo para conseguir ótimos resultados. Sabemos que você vai desfrutar do desafio de estar em Progresso Contínuo e do orgulho que acompanha a obtenção de resultados excepcionais.

Parabéns por se tornarem uma Equipe em Progresso Contínuo!

Vinculando o *Go Team!* a Importantes Conceitos de Equipe de Livros Anteriores

Tanto o prefácio quanto a introdução deste livro observaram a necessidade vital das pessoas de trabalhar efetivamente em equipes para ter sucesso no ambiente empresarial global e dinâmico atual. Também consideramos que esse enfoque nas equipes vem se desenvolvendo há várias décadas. *Go Team!* não surgiu do nada. Está fundamentado nos conceitos de livros anteriores sobre equipes e expande esses conceitos para se concentrar mais plenamente em extrair os talentos e as motivações das pessoas para conseguir ótimos resultados.

A principal base em que se baseia o *Go Team!* é o livro intitulado *The One Minute Manager Builds High Performing Teams*. Esse livro clássico e muito popular concentra-se nas características de equipes de alto desempenho, assim como nas suas etapas de desenvolvimento e nos comportamentos da liderança que facilitam o desenvolvimento da equipe. As características de uma equipe de alto desempenho estão resumidas no diagrama à página 161.

A continuação popular, *High Five! The Magic of Working Together*, usa uma história sobre um pai que trabalha com o time de hóquei de seu filho para se concentrar nos resultados do processo para equipes de alto desempenho. Esses ingredientes fundamentais para uma equipe vencedora estão resumidos no diagrama.

O que fizemos em *Go Team! Promova o Progresso Contínuo da sua Equipe* foi nos concentrar nos membros da equipe assumindo a responsabilidade por tomar decisões importantes e atingir ótimos resultados. E para isso eles precisam aprender a se soltar e se concentrar no seu conhecimento, experiência e motivação, usando três importantes habilidades:

- o *compartilhamento das informações* para criar altos níveis de confiança e responsabilidade;
- *limites claros* para criar a liberdade para agir de maneira responsável;
- *habilidades de autogerenciamento* para tomar decisões e atingir ótimos resultados.

Essas habilidades do Progresso Contínuo também aparecem no diagrama.

Enquanto você leu este livro, aprendeu a usar as três habilidades do Progresso Contínuo. No diagrama da próxima pagina você pode ver como essas três habilidades construídas sobre as características comportamentais estão integradas com os principais ingredientes de equipes vencedoras desenvolvidas em *High Five*!

O resultado é que você e sua equipe agora estão prontos para atingir ótimos resultados para si mesmos e para a sua organização. *Go Team!*

LIVROS DA SÉRIE BLANCHARD TEAM

The One Minute Manager Builds High Performing Teams 1990, 2000	*High Five! The Magic of Working Together* 2001	*Go Team! Promova o Progresso Contínuo de sua Equipe* 2005
Características Comportamentais	Ingredientes-chave de Times Vencedores	Assumindo o Controle

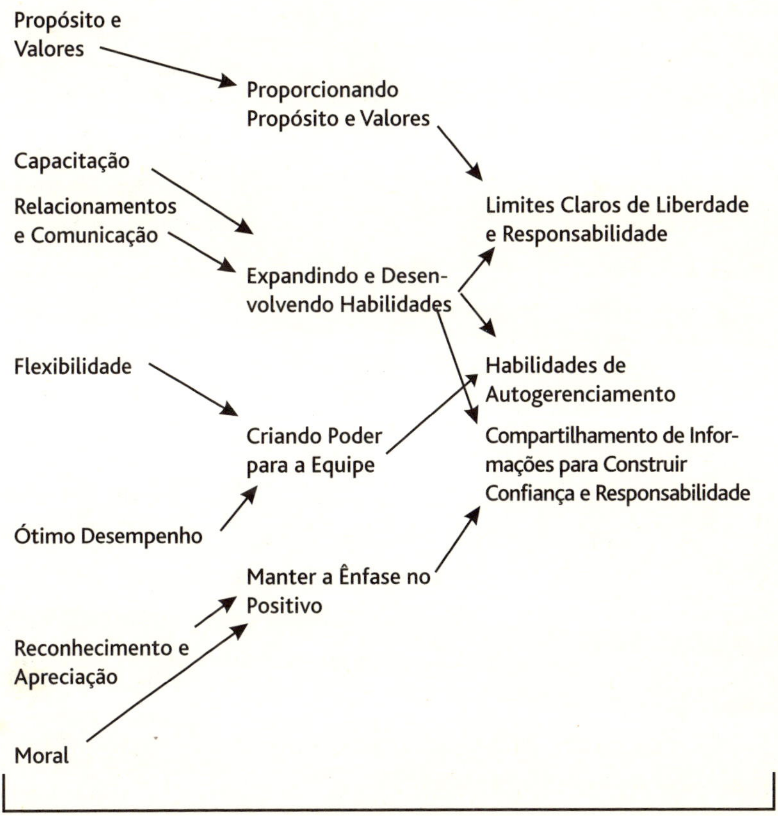

JUNTOS VOCÊS PRODUZEM

ÓTIMOS RESULTADOS PARA OS MEMBROS DA EQUIPE,

OS LÍDERES E A ORGANIZAÇÃO

Agradecimentos à Equipe

Livros como o nosso não surgem do nada. Durante muitos anos as idéias germinam e finalmente resultam em um conceito para um livro. Depois é preciso muito encorajamento para passar do conceito ao produto final. Até terminarmos este livro que você tem nas mãos, muitas pessoas influenciaram e apoiaram nossos esforços. Possivelmente não poderemos agradecer a todos que tiveram um impacto na nossa maneira de pensar sobre as equipes, mas seguem algumas pessoas muito especiais que nos vêm à mente. Aos outros que não mencionamos por favor nos perdoem e saibam que apesar disso são apreciados.

Steve Piersanti, da Editora Berrett-Koehler, merece um enorme agradecimento por nos estimular a tornar este livro cada vez melhor. Em muitas ocasiões Steve nos ajudou a pôr os pés no chão, embora sempre amável e nos apoiando e concentrado na criação de um livro que fosse útil para aqueles que escolhessem lê-lo e compartilhá-lo.

Também na Berrett-Koehler, devemos um grande agradecimento a Jeevan Sivasubramaniam, mais conhecido como Jeevan S., por se manter atento a todos os detalhes e prazos que nos propiciaram ir em frente rumo a um produto acabado. E inclusive ajudou às vezes a manter Steve Piersanti informado.

Membros de equipes de várias companhias colaboraram conosco e nos ensinaram muito sobre o trabalho em equipe eficiente.

Mark Robbins, Jennifer Stanford e David Heckman, da Robbins-Gioia, Inc. trabalharam com Alan para criar uma organização e um conjunto de equipes mais fortes em sua companhia, que dá consultoria e presta serviços a muitas outras organizações.

Carmela Southers e Pamela Wagoner, das empresas Ken Blanchard e da Host Marriott, respectivamente, ensinaram muita coisa a Alan sobre o trabalho em equipe para estabelecer uma visão e um conjunto de objetivos em uma grande organização.

Susan Steele e John Robison, anteriormente da HCIA Inc., trabalharam durante vários anos com Alan no treinamento e na indicação de colegas para implementar uma mudança organizacional positiva em uma próspera companhia de serviços de saúde.

Stephen Sebastian, Virginia Pimentel e Jose Carabajal, da Cargill, ensinaram Alan sobre o trabalho em um esforço de equipe virtual para planejar um programa multinacional para ensinar as habilidades de treinamento.

Karl Hamlin, consultante independente da IT, ensinou a Alan o valor da confiança em um relacionamento de equipe.

Pat West e Kevin Duffy, da Price WaterhouseCoopers LLP, trabalharam com Alan para criar classes dinâmicas na *web* sobre gerenciamento de projetos e o ajudaram a entender como trabalhar em uma atmosfera de equipe virtual.

Muitas pessoas das empresas Ken Blanchard têm sido há muitos anos amigos, colegas e mentores, incluindo, entre outros, Pat Zigarmi, Drea Zigarmi, Fred Finch, Laurie Hawkins, Susan Fowler, Dick Ruhe, Dev Ogle, Garr Demarest, Jesse Stoner, Kathleen Martin e Vicki Halsey.

Don Carew e Eunice Parisi-Carew nos proporcionaram seu amável e incentivador prefácio e, mais importante, seus mais de trinta anos como mentores de equipes e sua amizade.

Temos muitos colegas com quem nos relacionamos desde o início da década de 1970 na Universidade de Massachusetts, onde Ken e Alan se conheceram e onde nasceram as sementes deste livro. Esses incluem, entre outros, Tony Butterfield, Barry Posner, Gary Powell, Susan Carter e Joe Litterer (falecido).

Uma equipe de valiosos colegas das empresas Ken Blanchard trabalhou conosco para a publicação deste livro, incluindo Martha Lawrence e Humberto Medina.

E também precisamos acrescentar um imenso agradecimento a nosso colega e companheiro de equipe John Carlos, que escreveu dois livros anteriores com Ken e Alan e estaria envolvido neste projeto se não tivesse falecido de repente. John era um contador de histórias fantástico, um companheiro de equipe maravilhoso e amigo melhor ainda. Dedicamos este livro à sua memória. John, sentimos sua falta.

Finalmente, nenhum homem em seu juízo perfeito jamais negligenciaria o apoio e o estímulo de sua esposa. Agradecemos de coração às nossas esposas por seu apoio e amor infinitos. Nossa gratidão a Margie Blanchard, Ruth Anne Randolph e Barbara Grazier.

Sobre os Autores

KEN BLANCHARD

Poucas pessoas causaram um impacto mais positivo e duradouro no gerenciamento diário de pessoas e companhias do que Ken Blanchard. Ele é autor de vários *best-sellers*, incluindo o sucesso de vendas internacional *The One Minute Manager* e *Leadership and the One Minute Manager*, *Raving Fans* e *Gung Ho!* Seus livros no total já venderam mais de 18 milhões de exemplares em mais de 25 idiomas.

Ken é o chefe espiritual das empresas Ken Blanchard, uma companhia mundial de desenvolvimento de recursos humanos. É também co-fundador de Lead Like Jesus Ministries, organização não lucrativa dedicada a inspirar e equipar as pessoas para serem líderes no mercado. Ken e sua esposa, Margie, moram em San Diego e trabalham com seu filho Scott, com sua filha Debbie e com o marido de Debbie, Humberto Medina.

ALAN RANDOLPH

Alan Randolph é um educador e consultor de gerenciamento extremamente reconhecido. Ele dá consultoria sobre questões de liderança, trabalho em equipe, capacitação e gerenciamento de projetos para organizações nacionais e internacionais dos setores público e privado. Como consultor, Alan é prático e trabalha eficientemente com todos os níveis de gerência, e como líder de seminários é tranquilo, claro e direto.

Alan é professor de administração e negócios internacionais na Merrick School of Business, Universidade de Baltimore, e sócio consultor sênior das empresas Ken Blanchard. Desenvolveu vários produtos de liderança e capacitação e tem publicado muitos artigos em revistas profissionais e acadêmicas, tais como *Harvard Business Review*, *Sloan Management Review*, *The Academy of Management Executive*, *Organizational Dynamics* e *The Academy of Management Journal*.

Alan também escreveu e foi co-autor de vários livros. Seus livros mais recentes incluem *Checkered Flag Projects: 10 Rules for Creating and Managing Projects That Win!* (2002, com Barry Z. Posner), *Empowerment Taes More Than a Minute* (2001, com Ken Blanchard e John P. Carlos) e *The 3 Keys to Empowerment: Release the Power within People for Astonishing Results* (1999, com Ken Blanchard e John P. Carlos).

PETER GRAZIER

Depois de passar anos na indústria de construção como engenheiro civil, em 1981 Peter Grazier começou a usar conceitos de envolvimento do empregado para melhorar a produtividade no trabalho de construção. Tendo sido significativamente afetado pelos resultados do envolvimento direto dos empregados na melhora do trabalho, ele criou a Teambuilding Inc., em 1985. Desde essa época já trabalhou com mais de cem organizações de todos os ramos em toda a América do Norte e Europa, e seu trabalho já foi publicado em mais de oitenta publicações, incluindo *The Wall Street Journal* e as publicações AFL-CIO.

Peter é autor e editor de um *best-seller* sobre envolvimento do empregado e o trabalho em equipe. Em 1994, foi agraciado com o prestigiado President's Award, da Association for Quality and Participation, por suas contribuições para o campo. Em janeiro de 2000, seu *website* www.teambuildinginc.com foi citado pelo *Harvard Managemente Update* como um dos "Três Melhores *Websites* sobre Equipes".

Seu trabalho abrange todo o campo da colaboração organizacional, especificamente o envolvimento do empregado e a capacitação, equipes de trabalho autodirigidas, relações entre o trabalhador e a gerência, criatividade e inovação, potencial humano, construção de relacionamento, construção de equipe, desenvolvimento de visão-missão-valores, facilitação da aposentadoria e fala motivacional. Seu estilo de treinamento é interessante, com grandes doses de envolvimento experiencial do participante.

Conheça outros títulos da Academia de Inteligência

Filhos brilhantes, alunos fascinantes – Augusto Cury

Cada capítulo deste livro apresenta histórias de jovens e adultos portadores de conflitos, que foram feridos pela vida, rejeitados socialmente, desacreditados, mas que conseguiram encontrar força na fragilidade e dignidade na dor.

Você vai perceber que os filhos brilhantes e os alunos fascinantes não são sempre os bem comportados, os que não falham, não choram ou não tropeçam. Brilhantes e fascinantes são aqueles que aprendem a desenvolver consciência crítica, decidir seus caminhos, trabalhar seus erros, construir tolerância.

Bons filhos se preparam para o sucesso, filhos brilhantes se preparam para enfrentar derrotas e frustrações. Bons alunos se preparam para receber um diploma, alunos fascinantes se preparam para a vida.

12 Semanas para mudar uma vida – Augusto Cury

12 Semanas para mudar uma vida é muito mais que um livro. É um Programa de Qualidade de Vida. Este livro traz um programa que apresenta ferramentas psicológicas que contribuem para educar a emoção, vencer o estresse e prevenir a ansiedade e outros transtornos psíquicos. São 12 leis da Psicologia trabalhadas com simplicidade para que possam ser amplamente aplicadas na vida diária, transformando o conhecimento em experiência. É uma prática existencial para ser exercitada por todos aqueles que querem conhecer o seu próprio ser e dar um salto na qualidade de vida.

SUPERANDO O CÁRCERE DA EMOÇÃO – AUGUSTO CURY

É um livro apaixonante, esclarecedor, cujo objetivo é mostrar que a pior prisão é a que aprisiona a nossa emoção e nos impede de sermos livres e felizes. Quem é prisioneiro no âmago da sua alma, além de perder a liberdade de pensar, faz da sua vida um atoleiro de tédio e angústia. *Superando o cárcere da emoção* interessa aos que desejam compreender com profundidade o cárcere das drogas, as doenças psíquicas, os segredos do funcionamento da mente humana, e aos que almejam maior qualidade de vida e ser livres dentro de si mesmos.

TREINANDO A EMOÇÃO PARA SER FELIZ – AUGUSTO CURY

Nunca tivemos uma indústria de lazer tão grande e diversificada, mas o homem nunca foi tão triste e sujeito a tantas doenças psíquicas. Nada é tão belo e complexo quanto a emoção. Ela é capaz de tornar ricos em miseráveis e miseráveis em ricos. Não é simples navegar nas águas da emoção, mas você pode treinar a sua emoção para ser feliz e tranqüilo, para gerenciar os pensamentos, superar a ansiedade e descobrir coragem na dor, força na fragilidade, lições nos fracassos. Felicidade não é um dom, é um treinamento.

A Editora Academia de Inteligência,
agora associada à Editora Planeta do Brasil,
agradece muito especialmente a você que,
como poeta da vida, tem difundido nossos
livros aos amigos, parentes, na sua empresa.
Receberemos com muito prazer toda e
qualquer mensagem, comentário, opinião,
que julgue oportunos.
Teremos o nosso sonho realizado
se soubermos que sua vida ganhou um novo
significado a partir da leitura deste livro.

Visite nossos *sites*:

Este livro foi composto
em Janson Text para Editora
Academia de Inteligência em maio de 2007